세상이
이기지
못한
사람들

믿음이란 한 알의 밀알이 땅에 떨어져 죽음으로 많은 열매를 맺음과 같이 진리의 열매를 위하여 스스로 죽는 것을 뜻합니다. 눈으로 볼 수는 없으나 영원히 살아 있는 진리와 목숨을 맞바꾸는 자들을 우리는 믿는 이라고 부릅니다. 「믿음의 글들」은 평생, 혹은 가장 귀한 순간에 진리를 위하여 죽거나 죽기를 결단하는 참 믿는 이들의, 참 믿는 이들을 위한, 참 믿음의 글들입니다.

세상이 이기지 못한 사람들

송민호

지음

홍성사

들어가는 말

이 책에서 소개되는 인물들은 나의 신앙과 목회 여정에 막대한
영향을 준 하나님의 종들이다. 존 스토트는 최근까지 활동하다가 하나님의
부르심을 받은 분으로 내가 직접 만나 뵐 수 있는 영광을 누렸고, 그 외
모든 인물은 짧게는 50년, 길게는 200년 전까지 거슬러 올라가기
때문에 당연히 책으로만 접했다. 비록 시대적으로나 문화적으로는 멀리
떨어져 있지만, 그들의 삶에서 배워야 할 점은 아직도 유효하다. 15세에
캐나다로 이민 가서 대학교 1학년 때 예수님을 영접하고 줄곧 선교 단체와
이민 교회에서 신앙생활을 한 나에게는 이들의 삶과 가르침이 너무나
소중한 가이드가 되었다. OMF 선교사로 파송되어 필리핀 케존시에
있는 아시아신학교의 선교학 교수로 학생들을 가르치면서, 그리고 지난
16년간 토론토영락교회를 담임하면서 나는 설교나 강의에서 이들의 삶을
수시로 말해 왔고, 매년 두 차례 교회가 출간하는 잡지에서도 이들의 삶을
연재했다.

교회사에 등장하는 수많은 믿음의 사람 중에서 어떤 기준으로 이들을
선정했느냐고 묻는다면 두 가지를 말하고 싶다. 첫 번째 기준은 나에게
준 영적 임팩트이다. 그들은 나에게 순종과 헌신의 삶이 무엇인지를
삶으로 말했다. 드와이트 무디, 짐 엘리엇, 허드슨 테일러, 찰스 시미언,
에이미 카마이클, 존 스토트…. 감히 이들을 멘토라고 부를 수는 없겠지만,
사역의 고비마다 얼마나 큰 위로와 도전이 되었는지 모른다. 그들의 삶을
조금이라도 더 배울 수만 있다면, 영적으로 혼탁한 이 세상을 살아가는 데
큰 도움이 될 것이다. 특히 영적 영웅을 찾아보기 힘든 이 시대를 살아가는

청년들에게 나는 이들의 이야기를 꼭 들려주고 싶다. 지금 우리는 예수를 진심으로 믿고 따랐던 믿음의 선배들을 더 알아야 한다.

> 하나님이 말씀을 너희에게 일러 주고 너희를 인도하던 자들을 생각하며 그들의 행실의 결말을 주의하여 보고 그들의 믿음을 본받으라. (히13:7)

코람데오의 삶을 살며 하나님의 나라와 그 의를 위해 헌신했던 하나님의 종들이 많다는 것을 알리고 싶다. 아무리 세상이 험해도, 이전에도, 지금도, 그리고 앞으로도 하나님의 사람들은 여전히 존재할 것이다.

두 번째 기준은 선교다. 19세기는 기독교 역사 2,000년 중 선교적으로 가장 중요했던 시기 중 하나이다. 세계 선교가 식민지주의와 편승했다는 지적이 있지만, 이 시대에 인도와 중국 선교가 본격적으로 이루어졌고, 은둔의 나라 조선에도 개신교 선교사가 처음으로 들어왔다. 여기에 나오는 인물들은 직간접적으로 우리에게 복음을 전한 사람들이다. 존 로스, 서서평, 에비슨, 마포삼열과 같은 하나님의 종들이 편리한 문명을 뒤로하고 질병과 싸우며 신실하게 사역했기에 오늘의 한국 교회가 있다고 본다. 그런데 우리는 희생과 헌신의 삶에서 점점 멀어져만 가는 것 같아 우려가 된다. 희생보다는 안정을 선호하고, 헌신보다는 혜택을 먼저 생각하는 현재의 영적 기류를 바꿀 수 있는 길은 "구름 같이 둘러싼 허다한 증인들"을 보며 "믿음의 주요 또 온전하게 하시는 이인 예수를 바라보는 것"이다(히 12:1-2). 조금이나마 앞서간 증인들의 희생적인 삶을 배우고 따라간다면, 우리는 하나님을 기쁘시게 하는 사람들이 될 것이다.

목차에 나오는 인물 순서는 누가 누구에게 영향을 주었는지를 중심으로 정했다. 예를 들어 허드슨 테일러가 케스윅 집회에서 중국 선교에 대한 보고와 필요성을 강조할 때 에이미 카마이클이 중국 선교사가 되겠다고 헌신했다. 비록 건강상의 이유로 중국 선교를 포기하고 몇 년 후 인도로 떠났지만, 에이미에게 있어서 허드슨 테일러는 선교 모델이 되었다. 에이미 카마이클이 인도에서 쓴 많은 책과 시가 후대 선교사들에게 큰 영향을 주었는데, 짐 엘리엇은 에이미의 시를 늘 읽으며 복음을 위한 희생과 헌신을 다졌다. 헌신은 헌신을 낳는다. 허드슨 테일러의 헌신은 에이미 카마이클의 헌신을 낳았고, 에이미 카마이클의 헌신은 짐 엘리엇의 헌신을 낳았다.

드와이트 무디의 복음을 향한 열정은 영적 대부흥으로 이어졌고 또한 세계 선교를 위한 학생자원운동으로 이어졌다. 이때 무디의 직접적 영향을 받은 청년이 마포삼열이다. 그와 많은 젊은이들이 학생자원운동 집회에 참여하면서 세계 선교에 헌신했고, 마포삼열은 은둔의 나라 조선에 일평생 자신의 삶과 사역을 바치기로 했다. 마포삼열이 막상 조선에 도착해서 롤모델을 찾을 때, 중국에서 사역하는 존 로스에게서 커다란 감동을 받았다. 만주를 방문해서 마포삼열은 조직적으로 현지인을 훈련해서 교회 개척을 하는 존 로스의 사역을 보며 현지인 양성의 중요성을 실감했다. 그 후 마포삼열이 평양에 선교 기지를 세웠을 때, 그는 신학교를 시작하는 꿈을 꾸었고, 평양신학교는 수많은 영적 지도자를 배출한 온상이 되었다.

올리버 에비슨과 서서평은 비록 멘토링 관계는 아니었지만, 조선 의료계 인재를 키우는 데 함께 사역했다. 그 과정에서 서서평 역시 선배 의료 선교사인 올리버 에비슨의 노력과 헌신에서 감명을 받았다. 마지막으로 찰스 시미언과 존 스토트의 관계는 아주 특별하다. 본서에서 자세히 언급하지만, 존 스토트는 찰스 시미언으로부터 복음적, 성경적 설교의 중요성을 배웠다. 이렇게 교회 인물사를 둘러보면 결국 우리는 모두 누군가에 의해 영적 영향을 받고, 또 누군가에게 영향을 준다는 사실을 깨닫게 된다.

초고를 꼼꼼히 보고 수정해 주신 서민정 집사님과 김소연 집사님께 깊은 감사를 드리며, 이 책을 위해 수고하신 홍성사 가족에게 감사를 드린다. 모쪼록 이 책에 나오는 인물들이 나의 삶과 목회에 큰 힘이 되었듯이 독자들에게도 큰 감동과 격려가 되기를 바란다.

2020년 10월

차례

허드슨
테일러

HUDSON TAYLOR. 1832-1905

중국 선교사이자

중국내지선교회(China Inland Mission)의 설립자.

중국옷 차림으로 전도하여

중국 내륙 선교의 지평을 열었다.

허드슨 테일러 HUDSON TAYLOR, 1832-1905

1832   5월 22일 영국 요크셔주 반슬리에서 태어남.
1849   어머니의 기도로 회심을 경험하고 중국 선교사로 부르심을 받음.
1854   중국복음화협회 파송으로 중국 상하이 도착.
1855   중국인 복장 착용 및 변발 머리 시작, 윌리엄 번즈 선교사와 내륙 순회 전도.
1860   건강 악화로 귀국, 닝보 성경 번역, 의료 공부 재개.
1865   브라이튼 해변가에서 동료 사역자 24명을 위해 기도함, 《중국의 영적인 필요와
         요구》 출판, 중국내지선교회(CIM) 창설, 믿음 선교 시작.
1870   아내 마리아가 콜레라로 죽음. (다음해 동료 CIM 선교사 제니 폴딩과 재혼.)
1885   '케임브리지 7인' 중국 도착, 중국내지선교회 선교사 총 163명으로 늘어남.
1888   선교사 모집을 위해 북미 방문, 여러 나라에 CIM 선교 지부 설치함.
1900   의화단운동으로 CIM 선교사 58명과 자녀 21명이 순교.
1902   스위스로 이주, 딕슨 호스트에게 리더십 이양.
1904   두 번째 아내 제니와 사별.
1905   아들 내외와 중국 방문 중, 6월 3일 후난성 창사 CIM 미션하우스에서
         하나님의 부르심을 받음.

무작정 하나님을
기다려야 할 때

선교 역사에서 엄청난 패러다임의 전환을 일으킨 인물이 있다.
바로 중국내지선교회China Inland Mission를 시작한 허드슨 테일러다.
그가 활동했던 19세기 중반과 후반은 배가 닿는 항구를 중심으로
선교하는 시대였다. 내륙으로 들어가려면 위험을 감수해야 했기
때문에 대부분 해안을 따라 정착하고 선교했다. 그런데 테일러는
거대한 중국이 복음화되기 위해서는 선교사가 반드시 내륙으로
들어가야 한다며 내륙 선교를 강조했다. 왜 내륙이 힘들었을까?
그 당시 서양인에게 있어 내륙은 외로움, 질병, 신변의 위험 등을
의미했다. 도착과 동시에 풍토병이 기다리고 있었고, 내륙으로
들어가면 갈수록 온갖 위험이 도사렸다. 그래서 선교회에는 애초에

내륙 선교라는 개념이 없었고, 내륙으로 들어갈 헌신자를 찾기는
더욱 어려웠다. 이런 상황을 충분히 알면서도 테일러는 믿음으로
내지선교회를 시작했다. 그가 즐겨 사용한 글귀는 '하나님의 일을
하나님의 방법으로 할 때 하나님의 공급은 중단되지 않는다'였다.

　　테일러가 시작한 선교 단체는 선교사들이 중국어를 유창하게
하도록 훈련시켰다. 선교사들은 중국인의 복장을 하고 오지까지
들어가 복음을 전했다. 획기적인 발상의 전환이었다. 그 배후에는
하나님을 철저히 믿는 믿음과 기도가 있었다. 우리는 그의 삶을
자세히 들여다보고, 그의 삶에서 얻는 교훈을 반드시 우리 것으로
만들어야 한다. 테일러의 삶을 통해 배울 것이 참 많다. 특히
그리스도를 전적으로 믿고 따를 때 하나님께서 우리를 어떻게
사용하시는지를 알게 된다.

중국으로 부르심을 받다

　　허드슨 테일러는 1832년 영국 요크셔 지방 반슬리의 감리교
평신도 설교자 제임스 테일러와 아내 아멜리아 사이에서 태어났다.
일찍이 그의 아버지는 아들을 주시면 중국 선교에 바치겠다고 서원
기도를 드렸다. 그가 17세 되던 해, 아버지의 서재에서 신앙 서적을
읽다가 '그리스도께서 다 이루셨음the finished work of Christ'이라는
문구를 보면서 그리스도께서 자신을 대속 제물로 드린 것은 완전한
것이며, 이를 믿는 자는 누구나 다 구원을 받는다는 소중한 사실을
깨달았다. 그동안 가졌던 의심을 다 버리고 구원의 확신을 갖는

귀한 순간이었다. 바로 그 시각, 멀리 떨어진 곳에서 아들을 위해
기도하던 어머니는 성령님의 인도하심 아래 아들이 드디어 중생의
체험을 하게 되었다는 확신을 갖게 되었다. 부모와 누이동생 모두가
그의 회심을 위해 기도해 왔던 것이다. 서서히 그는 하나님께서
자기를 중국으로 부르신다는 것을 깨달았다. 그리고 그는 선교사가
되기 위해 철저한 준비에 들어갔다. 따뜻하고 부드러운 오리털을
깔아 놓은 침대를 걷어치우고 딱딱한 침대로 바꾸었고, 식사도
아주 단순하게 하기 시작했다.[1] 그뿐 아니라 가난한 자들을 찾아가
위로하며 열심히 전도하고, 중국어로 된 누가복음을 구해서 영어
성경과 대조하며 600개 한자를 미리 배웠다. 하디 박사Robert Hardey
밑에서 의술을 배우기 위해 집을 떠나 혼자 사는 방법도 배웠다.
굳이 비싼 버터나 우유 없이 오트밀이나 쌀을 먹으면서도 충분히
살 수 있음을 터득했다. 무엇보다 이 기간에 그가 배운 가장 중요한
영적 교훈은 기도의 능력이었다. 그가 기도에 전념하게 된 이유를
일기장에 적었다. '중국에 간다면 여하한 사람에게 어떠한 도움도
부탁할 수 없을 것이다. 영국을 떠나기 전에 기도 하나만으로
하나님을 통해 사람을 움직이는 믿음의 비결을 배워야 한다.'[2]
　　드디어 허드슨 테일러는 귀츨라프가 세운 중국복음화협회China
Evangelization Society의 파송을 받고 6개월의 위험한 항해 끝에 1854년
3월 1일 상하이에 도착했다. 그의 나이 21세였다. 이 당시 중국은
태평천국의 난the Taiping Rebellion, 1850-1864을 겪으며 나라가 흔들리고
있었다. 이미 중국은 영국과의 아편전쟁에서 패해 1842년 상하이를
포함한 다섯 개 항구를 강제로 개항해야 했는데, 이로 인해 항구
중심의 해안 선교coastal mission가 가능해졌다. 해안 선교란 개항된

항구 도시에 선교단지mission compound를 만들고 그 안에서 생활하며
현지인들에게 포교 활동을 하는 것이었다. 선교사들은 항구에
머물러야만 신변 보호를 받을 수 있었다. 그 안에는 공사관 서비스가
있어서 모든 면에서 안전했다. 그뿐 아니라 자주 들어오는 배로 인해
외부로부터 소식과 물품을 주고받는 일이 원활했고, 서구식 시설을
갖춘 병원이 있거나 의사가 주둔했기에 여러 면에서 편리했다.

　　반면 내륙 선교는 서구인을 위한 보호나 혜택을 줄 수 없었기
때문에 자연히 관심 밖으로 밀려났다. 당시 선교는 주로 해안을
따라 개항된 도시에서 복음을 전하는 선교로 한정될 수밖에 없었다.
테일러가 도착했을 때 중국 내 기독교인의 총 숫자는 불과 350명
정도였다. 중국 전체 인구가 3억 8,000만 명이었다는 점을 감안할 때,
복음을 받아들인 자가 전체의 0.001퍼센트도 되지 않는 극소수라는
사실은 해안 선교의 한계를 깨닫게 해주었다. 기존의 방법으로는
도저히 중국 전체를 복음화할 수 없다는 사실이 테일러에게 강력히
다가왔다. 내륙에 사는 수많은 영혼을 구원하기 위해서는 누군가
가야 함을 절감한 것이다. 테일러는 이 일을 담대히 시작했다.
중국인들에게 가까이 다가가기 위해, 그 당시 선교사로서는 최초로
중국인 복장과 변발 머리를 하기 시작했다. 변발 머리는 중국 무술
영화를 통해 우리에게 잘 알려져 있다. 머리 앞부분은 삭발을 하고
뒷부분은 길게 내려 허리까지 오게 해서 땋은 머리를 만든다.
이렇게 테일러는 선배 선교사 윌리엄 번즈W. C. Burns, 1815-1868 목사와
함께 내륙 지방을 다니며 7개월을 함께했다. 이 전도 여행은 젊은
허드슨 테일러의 가슴에 내륙 지방의 영혼을 향한 불을 질렀다.
1856년부터는 닝보로 사역지를 옮기고, 마리아 다이어Maria Dyer 양과

WATERWAYS NEAR SHANGHAI.

Many of which Mr. Taylor visited in his early evangelistic journeys.

허드슨 테일러가 성경을 나눠 주러 다닐 때 이용했던 중국의 운하.

결혼을 한다. 그리고 의사 파커Parker 박사의 급작스러운 소천으로
그의 병원을 맡아 일하는 과정에서 건강을 잃고 영국으로 철수하게
되는데, 1860년부터 1865년까지 영국에서 가졌던 6년의 '은둔
생활'은 그의 인생을 바꾸어 놓는 중요한 시간이 된다.

영국으로 돌아오다

21세에 중국 선교를 위해 떠났던 테일러가 불과 6년 만에
건강을 잃고 영국으로 돌아갈 때, 그의 심정은 이루 말할 수 없이
괴로웠지만 어쩔 수 없이 받아들여야 했다. 하지만 하나님은 젊은
테일러를 위해 중요한 레슨을 준비하고 계셨다. 훗날 그때를
돌아보며 테일러는 이렇게 적었다.

> 건강 문제로 중국에서 일어나는 하나님의 일을 포기하고, 어느 때보다
> 풍성한 열매를 맺고 있을 때 돌봄과 가르침이 필요한 소수의 닝보
> 성도들을 두고 떠난다는 것은 재앙이고 큰 슬픔이었다. 영국에 돌아와
> 의사에게 받은 진단은 나의 슬픔을 덜어 주지 못했다. 위로는커녕,
> 앞으로 수년 안에 중국으로 돌아가기는 불가능할 것이라고 했다.
> 그러나 내가 몰랐던 것은 중국과의 오랜 결별이 오히려 하나님께서
> 복을 주신 중국내지선교회를 시작하는 데는 필요한 과정이었다는
> 사실이다.[3]

영국에 돌아온 테일러는 그때부터 육신의 회복과 하나님의

인도하심을 위해 기다려야 했다. 그는 기다려야만 했다. 다른 길이
없었다. 기다림이란 무엇일까? 아무것도 하지 않고 가만히 있는
것일까? 그렇지 않다. 기다림이란 무의미하게 낭비되는 시간이
아니라 하나님과의 긴밀한 교제를 통해 하나님의 뜻을 깨닫는
시간이다. 하나님의 주권적 시간에 무슨 일을 해야 하는지, 그리고
그 일의 순서가 무엇인지를 깨닫는 시간이다. 하나님께서는 중국
선교를 위해 6년 동안 테일러를 준비시키셨다.

첫째, 말씀 위에 올바로 서게 하셨다. 허드슨은 닝보
지방어dialect로 된 성경을 검토하며 개정 작업을 했다. 또한 성경
가장자리에 신자를 위한 간단한 주해를 적었다. 길게는 하루에
13시간씩 꾸준히 개정 작업에 투자했다. 돌아보니 이 시간이 중국
내륙 선교라는 엄청난 일을 하기 위한 영적 무장의 시간이었다. 성경
구석구석을 볼 수 있는 눈을 갖게 하신 것이다. 그는 신학을 공부한
사람이 아니지만 사람들은 그의 성경 강해가 탁월하다고 여겼는데,
그것은 바로 이 기간에 많은 수련을 했기 때문이다. 중국 신자들을
위해 성경을 개정한다고 생각했지만 사실 하나님은 테일러를 더
영적인 사람으로 변화시키고 계셨던 것이다.

둘째, 선교 동원가로 만드셨다. 그의 방에는 커다란 중국 지도가
붙어 있었다. 이제는 상하이나 닝보만을 위한 기도가 아니라 중국
전체를 위한 기도를 드렸다. 한 번도 가보지 못한 티베트, 몽고,
만주뿐 아니라 복음이 제대로 들어가지 못한 열한 개의 성을 위해
기도했다. 6년의 은둔 생활은 그에게 중국 전체를 향한 거룩한
부담을 갖도록 만들었다. 자연히 그는 선교사에서 선교 동원가로
더 큰 비전과 꿈을 꾸기 시작했다. 이때 그가 쓴 작은 책자《중국의

영적인 필요와 요구China's Spiritual Need and Claims》는 최초로 영국인들에게
중국 선교의 심각성을 알렸다. 이후 1887년에 최종판이 나오기까지
그는 몇몇 선교사들이 활동하는 일곱 성省에도 아직 복음을 듣지
못한 사람들이 8,000만 명 이상 있으며, 선교 활동이 아주 미약한
열한 곳의 성에는 1억 명 그리고 만주, 몽골, 티베트와 북서쪽
속국들에는 2,000만 명이 아직 복음을 듣지 못했다고 적었다.

> 이들은 하나님의 이름, 하나님의 속성에 대해 들어 본 적이 단 한 번도
> 없다. 그래서 하나님 나라는 이들 가운데 선포되지 않았다. 하나님의
> 뜻도 이들에게는 알려져 있지 않다! … 이 사람들에게 그리스도를
> 전하기 위해 최선의 노력을 다하고 있는지 하나님 앞에서 엄숙하게
> 자신을 살펴보라.4

　　중국 지도를 보고 중국의 영적 상황을 생각하면 할수록
허드슨에게는 두 가지 감정이 교차했다. 하나는 두려움이었다.
누가 이런 오지에 갈 것인가? 누가 감히 이런 일을 하자고 제안할
수 있으며 또 누가 오지에서 큰 사고가 났을 때 책임을 질 것인가?
다른 하나는 죄책감이었다. 그렇다고 언제까지 죽어 가는 영혼을
방치하고만 있을 것인가? 몇 년 전 그의 멘토 번즈 목사와 함께했던
내륙 전도 여행을 잊을 수가 없었다. 너무나 생생하게 다가오는
유리하는 영혼들, 참된 목자 그리스도를 알지 못하는 수많은 영혼을
언제까지 방치할 것인가? 그는 가는 곳마다 중국 선교를 소개하며
긴급성을 호소했다. 특히 2차 아편전쟁 이후 맺은 톈진조약으로
이제는 여권만 있으면 내륙 지방 어느 곳에서나 여행과 거주가

가능하다는 사실을 알렸다. 그러나 교단이나 교회의 반응은 지극히 소극적이었다. 누구도 엄두를 내지 못할 정도로 사역의 범위가 넓었기 때문이다.

셋째, 선교회를 창설하고 책임자로 세우셨다. 6년의 은둔 기간에서 가장 중요한 사건은 허드슨 테일러가 중국내지선교회를 창설한 일이다. 도저히 엄두를 낼 수 없었던 일이 시작되었다. 나 하나만 건강을 되찾아 돌아가는 목표가 아니라, 이제는 체계적으로 내륙 선교를 조직하고 지원할 수 있는 선교회를 만든 것이다. 그 당시 대부분의 선교회가 목회자 중심이거나 교단 중심이었는데, 평신도가 중심이 된 것은 특이한 현상이었다. 그뿐 아니라 재정 후원을 요청하지 않는 정책no solicitation policy을 기본 원칙으로 세우고, 오직 하나님께만 기도함으로써 필요한 모든 후원과 사역자를 받았다.

허드슨 테일러가 중국내지선교회를 세우기로 결심한 날은 1865년 6월 25일 주일이었다. 그는 영국 남부에 위치한 브라이튼에 휴양하러 왔다가 한 교회에서 주일 예배를 드렸다. 1,000명이 넘는 성도들과 예배를 드리며 중국의 유리하는 수백만의 영혼을 생각하니 마음이 쓰리고 아팠다. 여기 이렇게 평화스럽게 예배를 드리는 회중들이 있지만, 어떻게 중국 내륙 지방에 사는 수많은 영혼을 모른 체하며 편하게 예배만 드릴 수 있겠는가? 예배당을 뛰쳐나온 허드슨 테일러는 브라이튼 해변가를 걷다가 하나님과 중대한 만남을 갖는다. 중국 선교에 올인하겠다고 헌신하면서 허드슨 테일러는 하나님께 "이 일을 진행하면서 필요한 모든 것은 다 주님의 책임이고, 하나님의 종인 나에게는 오직 주님을 믿고 따르는 책임뿐입니다"라고 고백했다.[5]

그날 허드슨 테일러는 성경책 안에 "첫 번째 목표로 24명의 준비된 사역자를 달라고 브라이튼에서 기도하다. 1865년 6월 25일"이라고 적었다. 내륙 선교를 위한 장엄한 출발이었다. 24명을 달라고 한 이유는, 복음이 제대로 들어가지 않은 내륙의 열한 개의 성에 선교사를 두 명씩 파송하고 나머지 두 명은 몽골에 보낼 계획 때문이었다. 하나님께서 그의 기도에 응답하셔서 필요한 사람들로 채워 주셨다.

돌아보면 테일러에게 6년의 기다림은 중국 선교를 제대로 하기 위해 절대적으로 필요한 시간이었다. 그렇다. 기다림이란 아무 일도 하지 않고 조용히 있는 시간이 아니라, 하나님과 친밀한 교제 속에 기도하며 하나님의 인도하심을 목도하는 시간이다. 이 기간 동안 테일러가 배운 것은 믿음이었다. 하나님을 전적으로 신뢰하는 믿음을 배웠다.

믿음 선교밖에 길이 없었다

2000년 6월, 우리 부부는 OMF Overseas Missionary Fellowship 선교사가 되어 싱가포르 국제 본부에서 훈련을 받았다. (중국내지선교회가 바뀌어 OMF International이 되었다.) 그때 마당 한복판에 새겨진 문구가 나의 눈길을 끌었다. 마가복음 11장 22절에 나오는 "Have faith in God"이라는 말씀이었다. 이 구절은 허드슨 테일러가 평소에 즐겨 사용했던 말씀이다.

허드슨 테일러가 시작한 중국내지선교회는 믿음 선교faith

싱가포르에 위치한 OMF International 본부.

mission의 선구자 역할을 했고, 그 뒤를 이어 40개가 넘는 선교단체가 비슷한 방법을 채택했다. 믿음 선교란 하나님께서 필요한 재정을 책임져 주신다는 믿음 아래 후원자에게 적극적으로 모금하지 않는 선교 방법을 말한다. 하나님께 부르심을 받았다면 구태여 사람들에게 재정 문제를 호소하지 말고 오직 기도로 하나님께 구하라는 것이다. 이런 테일러의 선교 철학을 따르는 중국내지선교회 선교사들은 집회에 초청되어 말씀을 전할 때 재정에 대해 언급하지 않으려 했다. 하나님을 전적으로 신뢰하기에 하나님께서 채워 주시리라는 확신이 있었다. 현실적인 이유도 두 가지 있었다. 첫째는 모금 운동을 하지 않으면 다른 선교회와의 경쟁을 피할 수 있고, 둘째는 집회 중 고조된 분위기에서 드리는 선교 헌금보다는 충분히 기도하고 드리는 헌금이 더 바람직하다고 여겼기 때문이다. 헌금하는 것이 하나님의 뜻이라면 집회 중이 아니더라도 얼마든지 헌금하게 하신다는 믿음이 있었다.

　　1866년 5월 허드슨 테일러는 런던 북쪽에 위치한 토터리지에서 말씀을 전하고 있었다. 집회 도중 광고가 나갔다. '헌금순서 없음No Collection.' 말씀이 끝나자 집회를 인도하던 사회자는 테일러와 집회 전에 이미 협의했던 내용을 무시하고 헌금을 걷고 싶은 마음이 생겼다. 중국 선교에 참여하고 싶지만 참여하지 못하는 사람들이 헌금까지 못 하면 매우 실망할 테니 지금 헌금을 거둘 수 있도록 양해해 달라고 허드슨 테일러에게 말했다. 그러나 허드슨 테일러는 완강히 거부했다. 그리고 약속대로 헌금을 거두지 말아 달라고 당부했다. 헌금보다 자기 자신을 드려 직접 중국으로 갈 사람들이 나와야 한다고 믿었기 때문이다. 허드슨 테일러가 진심으로 원했던 것은 순간적인 감동이 아니라 중국 선교를 위한 진정한 헌신이었다. 허드슨 테일러에게 믿음 선교를 가르친 사람은 기도의 사람 조지 뮬러George Muller였다. 허드슨 테일러는 평생 5만 번 이상의 기도 응답을 받으며 3,000명이 넘는 고아들을 돌본 영국 브리스톨의 조지 뮬러와 깊은 교제를 하면서 진정한 믿음이 무엇인지를 배웠다. 조지 뮬러는 중국내지선교회가 막 시작할 때 재정적 어려움을 돕기 위해 아낌없이 지원했다. 허드슨 테일러의 후원자 중 가장 많은 지원을 한 사람이기도 하다.

　　1888년 허드슨 테일러가 북미를 처음 방문했을 때 일이다. 시카고 YMCA 강당에서 허드슨 테일러를 초청한 선교 대회가 열렸다. 이날의 사회자는 무디 선생이었다. 무디는 허드슨의 믿음 선교를 이해했지만 그래도 그날 헌금 거두지 못하는 것을 매우 아쉬워했다. 이와 달리 헌금 순서가 없다는 말에 좋아하던 한 비즈니스맨은, 집회

후 주머니 속에 그대로 남아 있는 20달러 지폐를 만지며 기뻐했다.
그런데 집으로 돌아온 그는 뜨거운 성령의 역사를 체험했다. 중국
선교의 중요성을 깨달은 것이다. 그는 더 이상 억지로가 아니라
자원하는 마음으로 500달러를 헌금했다. 고조된 감정 속에 드린
것이 아니라 자원하는 마음으로 드린 헌금이었다. 중국내지선교회는
이런 방법으로 믿음 선교를 이끌어 나갔다. 허드슨 테일러는 동료
선교사들에게 '하나님의 일을 하나님의 방법으로 할 때 결코
하나님의 공급은 중단되지 않는다'고 힘주어 강조했다.

　　모든 것이 기도로 이루어진다는 전제 아래 허드슨 테일러는
모든 일에 기도를 앞세우며 최선을 다했다. 그는 가는 곳마다 중국
선교의 긴급성을 호소했다. 1884년부터 1885년까지 테일러는
시카고의 부흥사 무디와 영국 전역을 돌면서 집회를 하게 되었다.
그가 케임브리지대학교에서 중국의 복음화를 위해 호소할 때, 영국
최고의 크리켓 선수 스터드C. T. Studd가 중국 선교에 헌신하기로 했다.
스터드는 전국적으로 알려진 유명세와 유산으로 물려받은 거대한
저택 '테드워스 하우스Tedworth House'를 다 내려놓고 중국을 선택했다.
이 소식을 들은 스터드의 친구들이 몇 주 후 중국 선교에 동참했다.
'케임브리지 7인Cambridge Seven'이라고 불리는 이들은 최고의 교육과
안정된 영국의 삶을 뒤로하고 중국으로 향했다. 1885년 케임브리지
7인이 중국에 도착했을 때, 중국내지선교회는 총 163명의 선교사로
늘어났다. 선교회는 계속 성장해 5년 후에는 그 숫자가 배로
늘어났다.

　　여기서 우리는 1888년에 일어난 중요한 선교대회를 언급해야
한다. 미국으로 돌아간 무디는 허드슨 테일러를 초청해서 북미의

선교 동원을 도와주었다. 어떤 결과가 나올지 전혀 예상하지
못했던 허드슨 테일러는 하나님의 역사에 놀라게 된다. 예비하시는
하나님, 여호와 닛시의 임재를 경험한 소중한 여행이었다.
당시는 학생자원운동이 활발하게 일어나면서 수많은 대학생들이
세계 선교에 헌신하는 시기였다. 허드슨 테일러는 무디가
인도하는 뉴잉글랜드 노스필드 집회에서 중국의 복음화를 위해
호소했다. 이어 캐나다로 넘어와 나이아가라 폭포수를 보고 난 후,
나이아가라온더레이크Niagara-on-the-Lake에서 열린 선교 집회에서 중국
선교를 부르짖었다. 그는 회중에게 이렇게 말했다. 마치 나이아가라
폭포에 엄청난 물이 떨어지는 것처럼 매달 100만 명의 중국인들이
하나님을 모른 채 죽어 가고 있다고 말이다. 중국에 이렇게 많은
영혼들이 그리스도의 이름을 전혀 듣지 못한 채 암흑 속으로
떨어지고 있는데, 누군가가 가서 복음을 전해야 하지 않는가?
　　허드슨 테일러의 호소는 매우 강렬했다. 북미에서의 선교 여행
중 총 42명의 자원자가 나왔다. 그중 15명이 즉각 선발되어 중국으로
향하던 허드슨 테일러의 일행이 되었다. 그들은 1888년 9월 23일
주일 저녁, 토론토 다운타운에 있는 낙스교회에 모여 중국으로
인도하신 하나님을 찬양하며 간증을 했다. 이때 약 2,000명이 함께
예배를 드리고, 이어 손에 등불을 들고 마치 위대한 퍼레이드를
하듯 교회에서 유니온 기차역까지 중국으로 가는 선교 후보생들을
배웅했다. 그들은 당시 막 개통한 캐나다 횡단열차를 타고 밴쿠버로
가서, 그곳에서 배를 타고 3주 후 상하이에 도착했다. 테일러는
하나님의 일을 믿음으로 호소할 때 하나님께서 사역자들을 보내
주신다는 것을 다시 한번 확인했다.

첫 CIM 선교사 파송. 가운데가 허드슨 테일러 가족.

허드슨 테일러는 계속해서 동원 사역에 힘을 쏟았다.
그가 하나님의 부르심을 받고 이 세상을 떠났던 1905년에는
중국내지선교회의 선교사 숫자가 800명 이상으로 늘어났고,
사역지는 15개의 성으로 나누어져 450개의 선교 기지mission station를
중심으로 활발한 사역이 일어났다. 이렇게 해서 허드슨 테일러는
믿음과 기도로 중국 선교의 기반을 세운 것이다.

고난과 희생은 반드시 감수해야 한다

선교가 제대로 되기 위해서는 믿음과 기도는 물론, 고난과
희생까지도 껴안아야 한다. 선교사 전기를 읽으면 한 가지 공통점을
발견한다. 복음을 전하기 위해서는 반드시 고난과 희생을 감수해야

한다는 것이다. 허드슨 테일러는 중국 선교를 위해 혹독한 대가를 치렀다. 그는 병으로 첫 부인과 자식 넷을 중국에 묻어야 했고, 후에 일어난 의화단운동the Boxer Rebellion 1899-1901으로 중국에서 어떤 선교 단체보다 더 많은 선교사를 잃는다.

　　여기서 잠깐 19세기 중국을 향한 서구의 침략을 살펴봄으로써 어떻게 의화단운동이 일어나게 되었는지 정리해 보자. 허드슨 테일러가 경험했던 19세기 청나라 중국은 선교 활동을 하기에 결코 녹록치 않은 곳이었다. 1854년 그가 상하이에 도착했을 때는 태평천국의 난으로 심각한 시국이었다. 이 난은 2,000만 명의 생명을 앗아가는 초유의 재앙이었다. 더군다나 청나라는 두 차례에 걸쳐 영국과 아편전쟁(1840-1842, 1856-1860)을 하면서 대국의 위상뿐 아니라 존폐까지 흔들리는 심각한 패배를 경험했다. 영국은 중국 무역에 필요한 돈을 인도 식민지에서 재배한 아편으로 대신했다. 영국의 욕심은 수많은 중국인을 아편 중독으로 몰고 갔고, 이에 반발한 청나라가 무역 금지를 단행하다가 오히려 일이 불거져 전쟁으로 번졌다. 서양인을 향한 반감은 날로 늘어 의화단운동 같은 극한 형태로 나타났다. 이 과정에서 내륙으로 흩어져 일하던 중국내지선교회 선교사들이 가장 많은 인명 피해를 보았다.

　　의화단운동은 오랫동안 중국을 점령하려는 서방 세력에 대한 분노가 폭발한 현상이다. 쓰러져 가는 중국 왕조(청나라)를 겨냥해서 온갖 침략을 일삼는 외부 세력에 분노한 중국인들이 외국인들을 향해 전쟁을 선포한 것이다. 의화단이라고 자칭하는 비밀 결사 조직은 서양 선교사들이 중국인을 기독교인으로 개종시키는 것이 문제라고 여겨 선교사들과 중국 기독교인들을 살해하기 시작했다.

충돌사유와 기간	주요 사항	결과
제1차 아편전쟁은 청나라와 영국 사이에 일어난 전쟁이다. 1839년부터 1842년까지 일어났다.	중국은 차(茶)를, 영국은 모직물을 사고 파는 무역을 하지만 영국이 적자를 봄. 이를 막기 위해 영국은 아편을 수출하고 이에 청나라가 아편 단속을 함. 영국이 전쟁을 일으킴.	영국의 승리로 난징조약을 체결함. 홍콩 섬을 받고, 광저우, 샤먼, 푸저우, 닝보, 상하이 등 5개 항구를 강제 개항함.
제2차 아편전쟁은 청나라와 연합국(영국, 프랑스) 사이에 일어난 전쟁이다. 1856년부터 1860년까지 일어났다.	영국 해적선 '애로우(Arrow)'호 사건을 구실로 영국과 프랑스가 연합국을 결성, 광저우를 점령, 약탈함. 이어 북경 근방에 주둔함. 청 황제가 피신함. 러시아의 개입으로 중재됨.	톈진조약(1858)과 베이징조약(1860)을 통해 중국을 반식민지화 시킴. 러시아는 개입 및 중재의 대가로 연해주를 받음. 열 개 항구가 강제로 개항됨. 영국, 프랑스, 미국, 러시아의 외교사절이 북경에 상주하는 권리를 받음. 홍콩에 인접한 주룽반도를 영국에 할양함. 기독교가 공인되어 내지 선교가 가능케 됨.
의화단운동(1900)	러시아, 미국, 영국, 프랑스 등의 서구 세력을 향해 의화단이 전쟁을 선포함.	연합군의 승리로 의화단은 척결되고, 청나라는 완전히 힘을 잃게 됨. 그 후 모택동이 이끄는 공산당이 중국을 주도하게 됨.

표. 청나라와 서구의 갈등

이때 살해된 188명의 서양 선교사 중에서 79명이 CIM 소속이었다. 당시 영국을 방문 중이던 허드슨 테일러가 동료 선교사들의 사망 소식을 듣고 할 수 있었던 말은 이것뿐이었다. "아무 생각도 못 하겠고, 기도도 못 하겠습니다. 다만 [하나님을] 신뢰할 뿐입니다." 의화단운동이 진압된 후 서방 국가들은 선교 단체들에 미친 인명 피해와 재산 피해를 놓고 청나라에 보상을 요구했지만, 허드슨 테일러는 이것은 복음과 상반된 행동이라고 보상받기를 거절했다. 중국 복음화를 앞당기기 위한 그의 진정한 마음이었다. 의화단운동으로 말미암아 선교사들은 가장 혹독한 시간을 지나야 했지만, 중국내지선교회는 이 환난을 잘 극복하여 곧 이전의 숫자를 회복했으며 오히려 더 많은 사역자가 복음을 전하게 되었다.

하나님의 사람 허드슨 테일러

　　허드슨 테일러는 여러 면에서 하나님 나라의 사람이었다. 그는 커다란 안목을 갖고 선교했다. 한 단체를 위해서만 일하지 않았고, 한 교단만을 앞세우지도 않았다. 교단을 막론하고 기본적인 교리에 동의하면 중국 선교를 할 수 있도록 문턱을 낮추었다. 그 당시 신학 수업을 받고 안수를 받은 목회자 중심의 선교사라는 선교 단체의 규정을 떠나, 허드슨 테일러는 평신도도 누구나 선교사가 될 수 있도록 길을 열어 주었다. 내륙 선교의 시급성을 감안할 때, 턱도 없이 모자라는 사역자를 빨리 세우고 싶었던 것이다.

　　지원금을 약속받았던 교단 파송 선교사들과는 달리 중국내지선교회 선교사들은 아무런 후원 약속을 받지 못했다. 하나님께서 채워 주실 것이라는 믿음 하나만 있었다. 중국내지선교회에 들어온 모든 수입은 사역자들이 공동으로 사용했다. 모든 것이 하나님의 것이기 때문이었다. 그리고 빚은 지지 않는다는 철저한 원칙을 지켰다.

　　또 하나 중요한 원칙은 선교의 방향과 전략을 선교지field에서 정한다는 것이었다. 선교지에 해당하는 주요 결정 사항을, 후원하는 후방에서 정하던 당시의 선교 방법과는 완전히 다른 새로운 패러다임이었다. 그뿐 아니라 허드슨 테일러는 일찍이 선교사들이 중국인들에게 더 쉽게 다가가기 위해 돼지 꼬리 머리 모양을 하고 중국인 복장을 했다. 예배당도 중국 사람들에게 맞게 짓도록 했다. 중국인들의 문화를 존중하며 복음을 전하는 데 저항을 최소한으로 줄이기 위해서였다.

　　허드슨 테일러는 수많은 사람들에게 영향을 끼쳤다. 그중에 한 사람이 한국 선교에 큰 공을 세운 제임스 게일James Gale이다. 조선에서의 50년을 회고한 게일은 "나의 지난 50년이 너무나 빨리 지나갔다"라고 말하면서, 지난 세월을 한결같이 조선 선교에 올인하도록 정신적 뒷받침이 된 신앙의 선배를 언급한다. 그는 드와이트 무디, 허드슨 테일러, 프랜시스 하버갈, 패니 크로스비

중국식 옷차림을 한 CIM 선교사들. 가운데가 허드슨 테일러.

이렇게 넷을 꼽았다. 그중 무디와 테일러는 그의 선교에 직접적인 도전이 되었고, 하버갈과 크로스비는 그들이 작사한 영감 있는 복음성가를 통해 게일의 심령을 정결케 했다.

1888년 게일은 조선으로 떠나기 전날 밤 토론토를 방문한 허드슨 테일러를 찾아가 안수 기도를 받은 것에 대해 하나님께 감사하고 있다.

> 그는 나의 손을 붙잡고 그의 침대 가에서 무릎을 꿇고 조선과 그리고 그곳을 향하여 떠나는 나를 위하여 하나님의 축복을 빌어 주었다. 그렇게도 작은 체구를 가진 그가 드린, 그렇게도 짧은 기도였지만 그 순간은 내 인생에 새 기원을 제공하는 순간이었고 지난 50년 동안 나를 꼭 붙들고 있었던 사건이었다.[6]

조지 뮬러는 허드슨 테일러에게 감동을 주었고, 허드슨 테일러는 제임스 게일에게 감동을 주었다! 19세기 최고의 선교사라는 평을 받는 허드슨 테일러의 삶을 요약하기는 참으로 어렵지만, 한 가지는 쉽게 말할 수 있다. 그는 중국 선교에 모든 것을 바쳤다. 첫째 부인 마리아와 네 자녀를 중국에 묻었고, 나머지 네 자녀와 두 번째 부인에게서 낳은 두 자녀마저 중국 선교를 위해 모두 바쳤다. 중국 선교를 위해 모든 것을 바친 허드슨 테일러! 부모의 서원 기도가 이렇게 응답될 줄은 아무도 몰랐을 것이다.

허드슨 테일러는 그가 선발한 선교사들과 1866년 중국을 향해 갈 때 중국내지선교회는 두 가지 원칙을 분명히 지킬 것을 강조했다. 첫째로 선교사의 사례비는 보장되지 않으며 인위적으로 선교 후원금을 호소할 수 없다는 것과, 둘째로 선교지에서는 중국인 복장을 해야 하며 복음을 들고 반드시 내륙 지방으로 가야 한다는 것이었다. 즉 선교의 주가 되시는 하나님께 모든 물질적 후원을 기대할 것과, 더는 서구식 문화를 고집하지 않고 중국 문화에 맞는 방법으로 선교하되 반드시 복음을 들어 보지 못한 중국 내륙 지방으로 들어가야 한다는 것이었다. 이것은 복음을 전혀 들어 보지 못하고 죽어 가는 영혼을 향한 뜨거운 마음이 아니고서야 할 수 없는 일이었다.

허드슨 테일러에게 배운 믿음 선교

허드슨 테일러는 나에게도 강한 임팩트를 남겼다. 벌써 약 30년 전, 하나님은 나의 마음속에 강력한 선교의 비전을 넣어 주시기 시작했다. 그때 나는 OMF 선교사 두 분을 알게 되면서 그들의 인격에 매료되었다. 뉴질랜드 출신 데이비드 미첼David Mitchell 선교사는 차분한 성품을 가졌고 항상 그리스도를 높이는 모습을 보여 주었다. OMF 캐나다 책임자 빌 피지Bill Fietje 선교사는 하나님 나라에 대한 비전을 갖는 것이 얼마나 중요한가를 보여 주었고, 이를 위해 헌신적으로 네트워킹하는 모습이 나에게는 엄청난 도전이 되었다. 그래서 선교사가 되는 꿈을 꾸며, 자연스레 OMF에 선교사 입회 원서를 냈다. 그때 선교부에서 '우리는 믿음 선교를 합니다. 괜찮으시겠습니까?' 하고 물었다. 그때만 해도 '믿음 선교'가 무엇인지를 제대로 알지 못했던 나는 별 생각 없이 "네"라고 했다.

나중에 그 대답이 나의 발목을 심하게 잡을 줄 전혀 몰랐다.
1999년 여름, 나는 섬기던 교회를 곧 사임하고 선교사로 나갈
생각이었다. 거의 12년간 사역한 교회였지만, 이제는 교회를 떠나
선교지로 가야겠다는 결단이 필요했다. 나는 담임목사님에게
"부르심에 응해야 합니다"라고 말씀드렸다. 그때 담임목사님은 매우
난처한 기색을 보이면서 "내년에 가면 안 되겠느냐?" 하고 반문했다.
그때 우리 교회는 중앙아시아의 키르기스 민족을 입양하고 막
선교사 두 가정을 파송한 상태여서 또 한 가정을 파송하기란
어려웠기 때문이다. 그때 나는 목사님에게 전혀 걱정하시지 말라고
말씀드리고 믿음으로 기도하면서 우리 식구가 필요한 모든 재정
후원을 하나님으로부터 받을 것이라는 막연한 기대와 믿음을
가졌다.

선교사로 떠난다고 '공포'한 지 몇 달이 지났지만, 아무런 후원
소식이 없었다. 속이 타오르기 시작했다. 모금 운동을 하지 않고
어떻게 사람들이 나의 재정 상태를 알 수 있다는 말인가? 그러나
허드슨 테일러는 전적으로 하나님만을 의지했다. 그렇게 따라하기가
참 힘들었다. 어느 날 시카고 공항에서 토론토로 가는 비행기를
기다리며 나는 게이트 의자에서 간절하게 기도했다. '하나님,
엘리야가 본 구름의 10분의 1만이라도 보여 주십시오.' 이스라엘에
3년 동안 비가 오지 않았을 때 엘리야는 기도하며 계속해서 사환을
밖으로 보내 비가 올 조짐이 있는지를 확인했던 기억이 났다. 여러
번 밖을 나갔다가 돌아온 사환이 "저기 먼 곳에서 작은 구름 조각이
보입니다"라고 했던 것같이, 나에게도 그런 사인이 필요했다. 이
기도를 드렸던 저녁 시간에 오타와에 사는 형이 기도를 하고 있었다.

기도 중에 들린 하나님의 음성은 "네 동생을 도와주어라"였다. 그러나 "내 동생은 한두 푼 도와주어서 될 상황이 아닙니다"하며 하나님께 어렵다는 기색을 하자 성령께서는 계속해서 형의 마음에 강권적으로 역사했다. "도와주겠다고 작정해라." 형은 그날 믿음으로 기도를 마치며 도와줄 것을 작정했다고 한다. 기도를 마치고 그날 온 편지를 뜯어 보는데 형이 다니던 회사에서 '올해 직원상'을 받았다는 내용과 함께 상금으로 회사 주식을 받게 되었다는 통보 내용이었다.

형이 전화했다. '지금 받은 주식을 당장 팔면 내가 너를 앞으로 8년 동안 한 달에 500달러씩 도와줄 수 있다'는 내용이었다. 반신반의로 정말이냐고 물었던 기억이 난다. 엘리야의 구름 조각을 드디어 보여 주신 것이다.

그리고 이어서 먼 밴쿠버에서 전화가 왔다. 우리 식구가 처음 캐나다에 이민 왔을 때 공항에서부터 도와주셨던 권사님이었다. "필리핀 선교사로 떠난다는데 사실인가?" 하며 물어 오셨다. 떠나지 말고 밴쿠버에 와서 한인 2세들을 위해 교회를 개척하면 재정적으로 돕겠다며 한사코 나를 말렸다. 나의 의지를 막을 수 없음을 알고 나서 권사님은 "그러면 내가 앞으로 2년 동안 한 달에 500달러씩 도와줄게"라고 하셨다. 참 고맙고 신기했다. '하나님의 역사는 이렇게 시작되는구나' 하며 더욱 믿음에 충실해야겠다고 생각했다. 그런데 전화를 끊기 전에 물어보고 싶은 질문이 있었다. 왜 2년만 지원하시겠다는 걸까? 그냥 기한 없이 하시면 안 될까? 직접 묻기가 거북했다. 그런데 감사하게 권사님이 먼저 답을 했다. "송 목사, 내가 마음 같아서는 계속 도와주고 싶은데, 사실은 내 몸에 암이 다 퍼져 있어. 그렇지만 내가 어떻게 해서든 2년은 도와줄게"라고 하시는

중국식 옷차림을 한 허드슨 테일러.

것이다. 이렇게 해서 십시일반 여러 친지와 성도들의 도움으로 단 한
번도 나의 재정을 말하지 않고 필요한 모금액이 다 채워졌다. 물론
내가 섬겼던 교회에서 가장 많은 도움을 주셨다.

필리핀에서 사역하던 중 2년이 지나 갑자기 500달러 지원이
중단되었다. 권사님은 약속을 지켰지만, 칼날처럼 지킨 것이다.
'좀 말씀이라도 하시고 끊으시지' 하는 아쉬움이 있었는데, 알고
보니까 하나님의 부르심을 받으셨다! 정확하게 그분은 2년을 사시고
가셨다. 아들뻘 되는 선교사를 2년 동안 한결같은 마음으로 지원해
주셨고 이제는 고통도 눈물도 없는 하나님 품으로 가신 것이다.
당장 매달 500달러가 부족했지만 그렇다고 해서 조급하거나 답답한
마음은 전혀 들지 않았다. 이제 하나님께서는 다른 방법으로 그
자리를 메꾸어 주실 것이라는 확신이 들었다. 아니나 다를까, 바로
다음 달부터 미국 조지아주에서 목회하는 한 교회에서 그 자리를
메꾸었다. 정말 신기했다. 왜 우리가 필리핀으로 떠날 때는 전혀
관심이 없었는데 2년 후부터 자발적으로 후원을 하기 시작했을까?
필리핀 사역 1기를 마치고, 나는 조지아주에 있는 그 교회를
찾아갔다. 이 교회가 나의 사역에 얼마나 중요한 역할을 했는지를
알려 주고 싶었다. 주일 말씀을 마치고 목사님 사무실에서 점심을
먹는데, 그 목사님이 조심스레 말을 건넸다. "선교사님, 사실은
우리가 선교사님을 후원하기 위해서 시작한 것은 아닙니다. 어려운
이민 생활을 하면서 오래된 예배당 건물을 구입하게 되었습니다.
성도들과 불과 몇 주 예배를 드리지도 않았는데, 그만 교회 건물이
불에 타 전소되고 말았습니다. 제 신학 서적도 다 탔지요." 그래서
목사님은 너무 마음이 힘들어 하나님께 기도했다고 한다. 그런데

갑자기 나의 얼굴이 스쳐가고, 또 이어서 다른 선교사님의 얼굴도
스쳐갔다고 한다. 그리고는 '왜 너희는 선교하지 않느냐?' 하고
물으시는 것 같아서 그때부터 이 교회는 두 선교사를 후원하기
시작했다는 것이다. 하나님께서는 이 교회에 큰 복을 주셨다. 보험
회사와 협상하는 과정에서 생각했던 것보다 훨씬 더 많은 보상을
받아 새로운 예배당으로 이전하게 된 것이다.

　　믿음 선교를 시작한 허드슨 테일러가 한 말이 생각난다.
'하나님의 일을 하나님의 방법으로 할 때 하나님의 공급은 결코
중단되지 않는다.' 해를 거듭할수록 나는 그가 한 말의 의미를 조금
더 이해할 것 같다. 그렇다. 히브리서 저자가 한 말처럼 믿음이
없이는 하나님을 기쁘시게 하지 못한다. 그래서 "하나님께 나아가는
자는 반드시 그가 계신 것과 또한 그가 자기를 찾는 자들에게 상
주시는 이심을 믿어야" 한다(히 11:6). 나에게 믿음 선교를 가르쳐 준
테일러가 고맙다.

예수께서 그들에게 대답하여 이르시되 하나님을 믿으라 막 11:22

에이미
카마이클

AMY CARMICHAEL, 1867-1951

인도의 버려진 아이들을 보호하는 시설인
도나부르공동체의 설립자.
외롭고 소외된 자를
섬기는 영성을 보여 주었다.

에이미 카마이클 AMY CARMICHAEL. 1867-1951

카스트 제도와
싸우다

한 사람의 가치와 사역의 소중함을 어떻게 평가할 수 있을까?
세상의 잣대를 사용한다면 그 사람의 지위나 명성을 먼저 생각할
것이다. 얼마나 높은 자리까지 올라갔는지, 얼마나 많은 사람이
알고 있는지, 이런 기준으로 사람의 가치와 사역을 평가할 것이다.
그러나 하나님 나라의 기준은 다르다. 지극히 작은 자를 섬기며
지위나 명성에는 별 관심을 두지 않고 평생을 하나님께 드린
사람들이 있다. 이번에 소개되는 인물이 바로 그런 사람이다. 비록
나이팅게일이나 테레사 수녀같이 잘 알려지지는 않았지만, 다음
세대에 지대한 영향을 주며 진정한 사랑이 무엇인지를 보여 준
사람이다. 그의 이름은 에이미 카마이클. 성경 말씀 그대로 '한 알의

밀이 땅에 떨어져 죽어 많은 열매를 맺은' 감동적인 사례다. 에이미가 남긴 족적은 지금도 많은 사람에게 진한 감동을 준다. 헌신이 헌신을 낳듯이, 에이미의 헌신적 삶은 순교자 짐 엘리엇과 그의 부인 엘리자베스에게 지대한 영향을 끼쳤다. 그리고 짐 엘리엇의 헌신은 또 다른 사람들에게 지대한 영향을 주었다. 우리는 에이미 카마이클의 삶을 통해 순종하는 삶이 무엇인지, 복음을 위하여 모든 것을 바친다는 게 무엇인지를 배운다.

에이미 카마이클은 1867년 12월 6일 북아일랜드의 수도 벨파스트에서 동쪽으로 약 20마일 떨어진 밀아일이라는 어촌에서 태어났다. 일찍이 방앗간을 운영하던 부모님 아래, 에이미는 엄격한 장로교 가정의 4남 3녀 중 첫째로 자랐다. 동생들을 잘 돌보며 고집이 센 아이로 알려진 에이미는 아버지가 돌아가셨을 때 동생들이 의지하는 버팀목이 되었다. 17세가 되던 해, 그녀는 벨파스트로 생활 반경을 옮겨 여직공을 위한 성경반을 가르쳤다. 이때부터 가르치는 은사가 검증되어 YWCA에서도 초청을 받아 많은 사람에게 말씀을 전했다. 1886년 에이미는 평생 잊지 못할 집회에 참여하게 된다. 글래스고에 있었던 케스윅 사경회였다. 이 사경회는 케스윅에서 해마다 일주일간 열린 말씀 집회였는데, 그 열기가 전국으로 확산되어 여러 도시에서 비슷한 집회가 열렸다. 그중 하나가 에이미가 참석한 글래스고 집회였다. 케스윅 운동의 목적은 '거룩함과 보다 숭고한 그리스도인의 삶을 함양하는 것'이었다. 이 자리에서 에이미는 허드슨 테일러의 중국 선교 보고를 들으며 선교사로 부르시는 하나님의 음성을 듣게 된다.

하나님의 일을 꾸준히 하다

에이미는 꾸준히 하나님의 일을 했다. 특히 벨파스트의
여직공들을 위한 성경 공부는 꽤 부흥하여 500명 이상 들어가는 임시
건물을 세워야 할 정도가 되었다. 그러나 이런 일을 하려면 재정이
필요했는데, 이때 에이미는 주님을 절대적으로 신뢰하는 믿음을
배우게 되었고, 이때 배운 재정 원리는 나중에 인도 선교의 중요한
밑거름이 되었다. 당시 행해지는 많은 사역과 모금 운동이 너무나
세속적인 방법으로 사용된다는 생각을 떨칠 수 없었다. 이런 일을
하려면 무엇보다도 믿음이 그 중심에 있어야 하지 않는가? 에이미는
세 가지 질문을 했다.

- 재정이 필요한 이 사역은 하나님이 우리를 위해 택하신 일인가, 아니면
  우리가 그분을 위해 택한 일인가? 전자라면 그분이 필요한 돈을
  책임져 주시지 않겠는가? 후자라면 어찌 감히 현재보다 좋은 것을
  바랄 수 있겠는가?
- 불평하며 내는 돈에 축복이 따르기를 기대할 수 있는가?
- 꽃과 열매를 바라기 전 우리의 뿌리가 바른지 먼저 봐야 하지 않는가?

하나님께서 하시는 일이고 하나님께서 부르신 일이라면,
하나님께서 책임지실 것이라는 확신이 들었다. 이렇게 에이미는
모금 운동에 대한 생각을 정리하여 추후 인도에서 사역할 때
조지 뮬러와 허드슨 테일러가 따른 믿음 선교를 실천하는 중요한
반석으로 삼았다.

선교사로 나가기 전, 에이미에게는 빈민가에서 활동할
기회가 주어졌다. 벨파스트와 맨체스터의 빈민가를 다니며 열심히
복음을 전했다. 1882년 1월 13일, 눈이 내리던 밤이었다. 에이미는
하나님의 강력한 부르심을 받는다. '가라!' 더 지체할 수 없는 명백한
부르심이었다. 순간적으로 에이미에게 두려움이 엄습했다. '오
하나님, 제가 떠나면 동생들은 어떻게 하지요? 건강은? 재정은?
혼자된 어머니는 누가 모시지요?' 이런 에이미의 질문에 분명한 답을
준 사람은 에이미의 어머니였다.

> 그래, 사랑하는 에이미야, 그분은 여태까지 너를 내게 빌려 주셨다.
> 네가 내게 얼마나 힘과 위로와 기쁨이 되었는지 그분만이 아신다.
> 그분은 슬플 때 너를 내 지팡이와 위안으로 주셨고, 외로울 때 자식
> 이상의 친구가 되게 하셨고, 기쁠 때 밝고 즐거운 마음으로 내게
> 동조하게 하셨다. 얘야, 그런 그분이 이제 너더러 내 반경 밖으로 가라
> 하시는데 내가 막을 수 있겠느냐? 안 된다. 안 된다. 에이미. 그분이
> 네 것이듯 너도 그분 것이다.[1]

남편을 잃고 5남매를 홀로 키우신 어머니, 가장 의지했던
맏딸을 기꺼이 하나님의 일을 위해 내놓은 어머니는 참으로 믿음의
사람, 헌신의 사람이었다. 에이미는 허드슨 테일러가 시작한
중국내지선교회를 통해 중국으로 가려고 의료검사를 받지만
건강상의 이유로 거절을 당하게 된다. 비록 중국내지선교회 입회를
포기해야만 했지만, 이대로 주저앉을 수는 없었다. 에이미가
정한 곳은 일본이었다. 에이미는 먼저 배를 타고 상하이에 가서

다시 요코하마행 배를 탔다. 북아일랜드의 작은 마을에서 태어난 에이미는 이제 지구 반 바퀴를 돌아 일본에 도착한 것이다.

일본 선교를 시작하다

일본 선교가 쉬울 리 없었다. 일본에 온 지 1년쯤 되었을 때, 에이미는 영국에 있는 후원자들에게 일본어 공부를 포기한다는 벼락 선언을 한다. "나는 이제 절대로 일본어를 배우지 않을 거예요. 절대로, 절대로. 내 묘비에 '절망 중에 잠들다'라고 써도 좋아요."[2] 생소한 일본어 단어와 그 길이가 그의 기를 죽인 것이다. 에이미답지 않은 행동이었지만, 일본어 공부가 너무나 힘들다는 것을 하소연한 것이었다. 그러나 이런 투정도 잠시뿐, 에이미는 정신을 가다듬고 필사적 노력을 했다. 일본어가 늘자, 벨파스트와 맨체스터에서 했던 것처럼, 빈민촌과 공장을 찾아다니며 열심히 말씀을 전했다. 여직공뿐 아니라 논밭에서 종일 일하고 돌아온 피곤한 농부들에게도 말씀을 전했다.

하루는 에이미에게 감당하기 어려운 일이 찾아왔다. 한 남자가 새벽에 에이미에게 와서 '여우 귀신'에 들렸다고 했다. 일본 사람들은 실제로 '여우 귀신'을 두려워해서 사당에 부처와 함께 여우 석상을 세우고 숭배하기도 했다. 이 사람에게서 여우 귀신을 쫓아낸다는 것은 만만치 않은 일임을 깨닫고 에이미는 전심을 다해 하나님께 매달렸다. 드디어 결전의 시간이 왔다. 사람들은 그 남자를 두 막대기에 십자형으로 묶었다. 에이미는 예수의 이름으로

여우 귀신에게 나갈 것을 명령했다. 능력 대결이 일어난 것이다. 그 남자의 입에서 온갖 신성모독적 언어가 튀어나왔다. 이렇게 심각한 대결이 있고 난 뒤, 그 남자가 완전히 정상적인 상태로 돌아왔다는 기쁜 소식을 듣게 되었다. 전적으로 하나님을 의지할 것을 배운 좋은 기회였다.

이렇게 진전을 보였던 일본 선교는 얼마 가지 못했다. 에이미는 뇌염에 걸려 더는 일본에 있을 수 없게 되었다. 급성 신경통에 사고 장애까지 왔다. 소위 말하는 일본 뇌염의 후유증이었다. 일본을 떠나 장기간 휴식하는 방법 외에는 길이 없었다. 아쉽게도 에이미는 일본을 떠나 요양차 중국으로 간 지 일주일이 되었을 때, '스리랑카(옛 이름 '실론')로 가라'는 주님의 음성을 듣게 된다. 실론, 그곳은 인도를 말했다. 아픈 몸을 끌고 실론으로 간 지 몇 달 만에 에이미는 다시 영국으로 돌아오게 된다. 그녀의 강력한 후원자였고 양아버지로 모시며 존경하고 따랐던 윌슨 할아버지가 쓰러지셨다는 소식을 들었기 때문이다. 영국에 돌아온 에이미는 어느새 27세의 숙녀가 되어 있었다.

인도로 부르심에 순종하다

건강을 챙긴 에이미는 이제 하나님의 부르심을 따라 그녀의 평생 사역지가 될 인도로 떠났다. 고도 900미터의 남부 도시 방갈로르가 에이미를 기다리고 있었다. 이번에는 일본 뇌염이 아닌 뎅기열이 그녀를 기다리고 있었다. 뎅기열은 그녀의

팔다리와 머리에 스며들며 통증을 가져다주었다. 그렇지만 이제
선교지에서의 고통을 어쩔 수 없는 통과의례로 여기며 더불어
살아가는 법을 배우게 되었다. 진정 에이미의 마음을 아프게 한
것은 인도의 그리스도인들이었다. 일본과는 달리, 인도에서 비교적
많은 그리스도인을 만나게 되었는데, 에이미의 마음을 아프게
한 것은 명목상의 그리스도인들이었다. "마주치는 가장 서글픈
현상은 이름뿐인 그리스도인들이다. 선교 초기 단계인 일본에서는
한 번도 보지 못했다 … 이곳의 교회는 알곡과 가라지가 가득한
밭이다"라고까지 혹평했다.

   에이미는 이미 100년 이상 전개된 인도의 기독교 역사를 잘
파악해야 했다. 에이미가 들어간 테네벨리 지역은 이전부터 카스트
제도의 최고층인 부유한 브라만 권력이 팽배했던 곳이다. 그러나
예수 그리스도의 복음이 카스트 제도를 무시하고 최고층 브라만이나
최저층 불가촉천민들이 예수 안에서 모두 다 동일하게 소중하다는
메시지로 사회질서를 어지럽게 한 것이다. 불가촉천민들은 이
메시지를 대거 환영했다. 1802년 이 지역을 휩쓸어 간 대대적인
개종 사건(3,000명의 회심)은 결과적으로 기독교를 박해하는 결과를
초래했다. 그리스도의 복음은 가는 곳마다 성결을 요구했다. 아동
결혼, 귀신 숭배, 미망인 화장(수티), 사원 매음 등등의 이교 행위가
낱낱이 파헤쳐졌고, 이로 인해 복음이 주는 자유로움과 사회적
관습의 마찰은 더욱 심해지기만 했다. 힌두 문화에 도전장을 내민
기독교에 불만을 품은 힌두교 폭도들은 기독교인 마을을 습격하고
기도원을 헐고 여자들을 강간했다. 남자들도 옷을 벗기고 때렸다.

   이런 역사 속에 시작한 기독교가 몇 세대를 지나면서 이제는

명목상의 그리스도인들이 팽배해진 사역지로 변해 있었다.
1898년 2월, 에이미는 14개월의 피나는 노력 끝에 타밀어 시험에
합격했다. 신경통에 더위까지 합쳐져 여간 힘든 여정이 아니었지만,
이제 에이미는 복음을 들고 카스트 계급으로 복잡한 인도 사회에
들어가게 된 것이다. 그러나 그때까지도 카스트 제도가 인도
사람들의 세계관 속에 얼마나 깊이 자리를 잡고 있는지는 실감하지
못한 상태였다. 인도에서의 개종은 항상 위험이 따랐다. 카스트
제도를 등져야 했고, 집안의 반대를 물리쳐야 했다.

　　인도인들은 카스트 계급을 목숨처럼 지켰다. 한번은 서너 살
된 사내아이가 처량하게 우는 것을 보았다. 집 안에 누워 얼굴을
찡그리며 우는 아이의 눈을 보니 안염의 고통이 보통이 아니었다.
밤낮으로 우는 아이를 부모는 병원으로 데려가지 않았다. 왜? 병원에
가는 것은 자기가 속한 카스트에 어긋난다고 생각했기 때문이다.
에이미는 '내가 대신 데려가겠다'고 말했지만 집을 나가 밖에서
죽으면 자기네 카스트에 불명예가 된다며 부모는 거절했다. 아이는
계속 울었고 부모는 아이에게 소리를 지르며 듣지도 않는 안약만을
넣고 있었다. 카스트 집안의 영광을 더럽히기보다는 차라리 이
아이가 고통 속에 죽어 가는 것을 보는 것이 낫다는 생각이 부모를
지배했기 때문이었다.

　　이런 현실 속에서 에이미는 7년을 쉬지 않고 마을과 부락을
다니며 예수 그리스도를 전했다. 지금은 비록 눈물로 씨를 뿌리지만,
언젠가는 기쁨의 단을 거둘 날이 온다는 확신 속에 복음을 전했다.
에이미는 전도하면서 일어난 이야기들을 영국 후원자들에게 매달
〈스크랩스*Scraps*〉라는 선교 편지에 적어 보냈다. 〈스크랩스〉에 나오는

여러 사연 가운데, 1901년 3월 7일에 일어난 사건은 "새로운 일의
분기점이자 평생 나의 뿌리가 되었다" 이렇게 적었다. 도나부르에서
일어난 사건이다. 도나부르는 19세기 초 박해받는 그리스도인들을
위한 도피성 중 하나였지만, 몇 세대가 지난 지금은 명목상의
그리스도인들이 살아가는 곳이 되었다. 에이미와 전도단 일행이
힌두교 사원에 바쳐지는 어린 여자아이들이 있다는 것을 알게
되었다. 이 아이들은 부모가 직접 데려오거나 아니면 누군가에 의해
사원에 바쳐지는데, 이들이 자라서 데바다시(성전에서 봉사하는 여자)가
된다. 데바다시는 사원의 신과 결혼하고 평생 사원을 청소하며
신상에 부채질하는 일을 하는데, 실상은 사원 매춘부로 전락하게
된다.

　　에이미가 하루는 사원을 도망쳐 나온 일곱 살 난 프리나를
만나게 된다. 사원에 팔려 가 신과 결혼식을 올리기 직전 아이가
사원을 탈출한 것이었다. 에이미가 프리나를 맡아 키우게 되자
사원에서 온 여자들이 거세게 반발하며 프리나를 돌려달라고 했다.
그러나 프리나는 너무나 명확하게 "난 안 가요!"라고 하며 에이미
품에 안겼다. 이렇게 해서 에이미는 '아이 도둑'이 되었고, 그때부터
하나님께서는 에이미가 이 땅에서 할 일을 보여 주셨다. 이제부터
에이미의 본격적인 업무는 가난으로 인해 부모가 키우지 못하고
신전에 바쳐진 아이들을 구출하고 은신처를 제공하며 돌보는
일이었다.

　　에이미가 싸워야 할 상대는 인도의 낡은 관습인 카스트
제도였고, 힌두교 사원을 둘러싼 있을 수 없는 인간의 사악함이었다.
왜 멀쩡한 어린이들을 신전에 바치고, 여자아이들을 신들과

결혼하게 할까? 아이가 심하게 앓고 있을 때 부모는 신들에게 서원 기도를 한다. 만일 우리 아이를 낫게 해주면, 신전에 바치겠다고 말이다. 어떤 경우는 남편을 잃은 아내가 도저히 딸을 키울 능력이 없을 때, 자기 아이를 사원으로 보내어 신과 결혼하게 한다. 그렇게 자란 아이는 성인이 되어 사원을 떠날 수 없고, 사원에 있는 브라만 승려에 의해 성폭행을 당하고 사원을 찾는 자들에게 매춘을 하는 결과가 일어난다.[3] 에이미는 인도 사역을 시작하면서 인도의 영혼을 묶고 있는 사탄의 세력을 철저히 실감했다. 어둠 아래 살아가는 불쌍한 영혼들을 '잔혹한 자의 먹이the prey of the terrible'로 표현하며, 이들을 구출하는 일은 사람의 힘으로 되는 것이 아니라 하나님의 절대적인 도우심과 인도하심으로만 가능함을 일찍이 깨달았다.[4] 한번은 어떤 여인에게 공을 들여 전도하여 예수님을 거의 영접할 정도까지 왔다. 예수에 대해 충분히 들었지만, 그 여인은 물었다. "나의 카스트 관습을 지키며 당신이 믿는 하나님을 따르면 안 되겠습니까? 내가 카스트를 버리면 나는 이 집에서 나가야 합니다. 그렇게 할 수는 없지 않습니까?"[5] 그 여인을 붙잡고 있는 카스트의 관습은 너무나 강했다. 카스트를 버리기보다는 차라리 죽음을 선택하겠다는 이들의 심령을 장악하고 있는 '잔혹한 자'를 이기는 길은 오직 주님뿐임을 깨달았다.

도나부르공동체를 시작하다

이렇게 해서 도나부르공동체Dohnavur Fellowship가 시작되었다.

에이미가 책임져야 했던 고아원 아이들.

사원에서 구출된 아이들을 포함해 보호가 필요한 아이들을 위한
공동체였다. 이미 에이미는 주의 일을 위해 일본에서부터 결혼을
포기했다. 직접 낳아서 기를 수는 없지만, 버려진 아이들의
'암마'(타밀어로 '엄마')가 되어 그들을 그리스도께로 인도하는 소중한
일이 맡겨진 것이다. 그러나 한 명도 아닌 수십 명을 돌보기 위해서는
지속적인 재정 후원이 필요했다. 선교사들이 공통으로 받는 압박
가운데 하나는 재정이다. 일을 벌이면 벌일수록 재정 문제가 따른다.
재정 때문에 시험에 들고 재정 때문에 오해를 받기도 한다. 그러나
에이미는 재정에 있어서 이미 필요한 훈련을 받았다. 그래서 허드슨
테일러처럼 믿음 선교를 하며 하나님께서 채워 주시리라는 믿음으로
전진했다. 때로는 간증도 꺼렸다. 하나님께서 어떻게 필요를

에이미가 세운 도나부르공동체 전경.

채우셨는가를 간증하다가 혹시라도 필요를 알릴 수 있기 때문이었다.

에이미는 철저하게 조지 뮬러와 허드슨 테일러의 길을 따랐다. 재정이 채워지기 전에는 건축을 시작하지 않았다. 물질적 필요를 사람에게 알리지 않고 오직 기도로 일관했다. 하나님께서 앞장서서 가시면 못할 것이 없다고 여겼기 때문이다.

상대가 확실히 묻지 않는 한 우리는 필요를 알리지 않으며, 물을 때에도 늘 알리는 것이 아니라 종종 하나님께만 아뢰고 사람에게는 침묵한다. 본국의 헌금하는 이들 마음은 그러잖아도 많은 도움의 요청들로 무겁게 짓눌릴 것이다. 우리는 우리 아이들이 그중 하나로 비집고 들어가, 행여 다른 데로 가야 할 헌금을 가로채기를 원치

않는다. 우리는 하늘 아버지께서 우리 필요를 아신다는 확증의
말씀들을 의지하며, 아버지의 아심을 곧 공급으로 받아들인다.**6**

　도나부르 가족은 계속해서 늘어났고, 건물은 좁았다. 이제
더 많은 아이를 수용할 건물이 필요했다. 마침 공터가 확보되었고,
아이들 17명이 더 들어오게 되었다. 문제는 재정이었다. 하나님께
의지하는 것도 많은 에너지가 필요했다. 과로로 쓰러지기 일보 직전,
의사는 영국으로 돌아가 몸 관리를 하라는 명령을 했지만, 그것은
불가능했다. 에이미가 선택한 것은 환경과 기후가 조금 나은 우티에
가서 휴식을 취하는 것이었다. 그런데 휴식 기간에 에이미에게
가슴 아픈 소식이 들려왔다. 이질이 육아실을 강타해, 아기 열 명이
죽었다는 것이다. 이질은 좁은 공간에서 더 쉽게 퍼져 나갔다.
설상가상으로 스태프 중 한 사람이 비리를 저질러 파면을 당했다는
소식도 듣게 되었다. 에이미의 마음은 천근만근이었다.
　에이미는 사역에서 오는 어려움뿐 아니라, 이유 없이 자신을
공격하는 사람들로부터 오는 어려움도 감당해야 했다. 주의 일을
할 때 사탄은 가만히 있지 않는다. 비난과 모함이라는 고도의
무기를 동원해서 사역자의 날개를 꺾으려 한다. 에이미의 마음을
아프게 하는 숱한 거짓 소문이 돌았다. 에이미가 사원에서 구출하는
어린아이들의 이야기는 쇼에 불과하다는 말부터 에이미는
독재자이며 다른 사람들의 결혼을 막는다는 말까지 온갖 거짓
소문이 퍼졌다. 그러나 하나님께서는 에이미와 함께하셨다.
후원자들의 마음을 움직이시며 필요할 때마다 재정을 채워 주셨다.
더 많은 아이들이 들어오면 추가 공간이 만들어지고 더 많은 아이가

들어와 보호를 받게 되었다.

도나부르공동체에서 에이미가 항상 강조한 것은 헌신이었다.
에이미는 온 마음을 다해 아이들을 사랑하며 헌신했다. 특히
에이미는 도나부르공동체를 이끌어 가는 스태프 자매들과 고백서를
나누며 헌신을 다짐했다.

> 나의 서원 — 주께서 제게 무엇을 명하시든 주의 은혜로 행하겠나이다
>
> 나를 강권하는 동기 — 오 그리스도 나의 주, 주님의 사랑이옵니다
>
> 나의 확신 — 저의 의탁한 것을 주께서 능히 지키실 줄을
> 확신하나이다
>
> 나의 기쁨 — 오 하나님, 주의 뜻을 행하는 것이옵니다
>
> 나의 훈련 — 제가 고르지 않고 주의 사랑이 시키는 대로 살겠나이다
>
> 나의 기도 — 저의 뜻을 주님 뜻에 맞추소서
>
> 나의 구호 — 살기 위해 사랑하고, 사랑하기 위해 살라
>
> 나의 유업 — 주는 내 유업의 분깃이옵니다[7]

여기서 에이미가 강조한 것은 헌신 속에 담긴 진실한
사랑이었다. 사랑의 힘 외에는 방법이 없었기 때문이다. 사랑을
받을 뿐만 아니라 받은 사랑을 나누어 주도록 아이들에게 교육했다.
도나부르공동체에서 에이미가 추구한 목표는 아이들을 '세상적
생각에 오염되지 않은 사람, 자기 자신을 벗어나 다른 사람을
섬기는 사람으로 지도하는 것'이었다. 그 목적을 위해서 아이들에게
성경 암송과 찬송가 암송을 시켰다. 또한 아이들에게 직접 과실과
꽃 정원을 가꾸게 하고 소산물을 내어 그것을 팔아 저금통에

저축하도록 했다. 공개적으로 1년에 한 번씩 저금통을 깨뜨려서
누구에게 사랑을 베풀 것인지 아이들과 함께 결정했다.

도나부르의 일은 에이미가 혼자 감당할 수 없었기에 항상
사명감이 넘치는 동역자를 필요로 했다. 에이미가 쓴 편지를 보면
하나님께서는 이 필요를 항상 넘치도록 풍성히 채워 주셨음을
보게 된다. 동역자를 구하는 편지에는 더운 날씨와 비방과 외로움,
그리고 불편한 생활과 고통이 솔직하게 다 나열되었다. 이 사역에
동참하는 자가 반드시 각오하고 와야 하는 부분이었다. 결국 이것은
주님께서 말씀하신 제자의 길이었다.

에이미의 시 한 폭을 소개한다. 〈너는 흉터가 없느냐*Hast Thou No
Scar?*〉라는 제목의 이 시는 에콰도르의 아우카족에 의해 순교당한 짐
엘리엇이 평소 즐겨 읽던 시이기도 하다.

> 너는 흉터가 없느냐?
> 손발과 옆구리에 숨은 흉터가 없느냐?
> 현지인들이 너를 훌륭하다고 말하고
> 밝게 뜨는 네 별을 환호하는 소리 들린다만
> 네게 흉터는 없느냐?
>
> 너는 상처가 없느냐?
> 나는 활 쏘는 자들에게 상하여 지쳤고
> 나무에 달려 죽었거늘, 에워싸는
> 사나운 짐승들에게 찢겨 기절하였거늘
> 너는 상처가 없느냐?

에이미와 인도 아이들.

상처가 없느냐? 흉터가 없느냐?
종은 주인과 같아야 하고
나를 따르는 발들은 찔려 있건만
네 발은 성하구나. 상처도 흉터도 없는 자가
나를 멀리까지 따를 수 있겠느냐?[8]

이 시에서 호소하는 것만큼 도나부르 공동체의 일은 힘들었다.
그렇지만 하나님께서는 헌신을 각오한 동역자들을 보내 주셨다.
영국에서, 호주에서, 농사와 건축에 종사했던 형제들을 보내 주셨고,
의사들도 합류했다. 병원을 지을 성금도 들어왔다. 병원을 짓게 된
것은 어느 날 폐렴에 걸린 아이를 제대로 간호하지 못해 죽어 가는
것을 보았기 때문이다. 에이미는 기도하기 시작했고, 1928년 2월, 한
기부자가 병원 부지를 사라고 1만 파운드의 거액을 보내 왔다.

병원 사역은 이웃 주민을 섬기는 중요한 기회가 되었다.
힌두교인, 이슬람교인, 기독교인을 가리지 않고 부자이건 가난한
자이건 상관없이 모두를 섬길 수 있어 좋았다. 지금도 이 병원은
소중한 섬김의 장소로 남아 있다. 믿음의 기도를 통해 병원과 기도원
건물이 아름답게 완공되었고, 도나부르에서 자란 아이들이 성인이
되어 정상적인 삶을 살게 되었다.

영성을 가르쳐 준 에이미 카마이클

영성spirituality에 대한 정의는 사람마다 다르다. 어떤 이는 말씀

묵상과 큐티, 그리고 소그룹 나눔을 통한 제자훈련을 생각한다. 또
어떤 이는 기도원에서 드리는 침묵 기도나 은사 집회에서 느끼는
신비적 체험을 생각하기도 한다. 그런데 에이미 카마이클이 보여 준
영성은 소외된 자들을 섬기는 행함이었다. "하나님 아버지 앞에서
정결하고 더러움이 없는 경건은 곧 고아와 과부를 그 환난 중에
돌보고 또 자기를 지켜 세속에 물들지 아니하는 그것이니라"라는
야고보서 1장 27절 말씀처럼, 그녀는 힌두교 신전에 바쳐지는
어린이들을 구조하여 키우며 그리스도의 사랑을 몸소 실천했다.
에이미에게 영성이란 주님의 사랑을 말하고 논하는 것이 아니라
계획을 세우고 행동으로 옮기는 것이었다. 이런 그의 모습은 영성을
성경 공부나 기도 정도로만 생각하려는 나에게 큰 도전이 되었다.
내가 배운 영성은 매우 지적인 표현뿐이었다. 그래서 하나님을
이해하는 지적 성장이 크면 클수록 영성의 깊이도 커지는 줄 알았다.
그런 나에게 영성이란 지성적이거나 감성적인 성장만이 아니라,
주님의 손과 발이 되어 세상을 섬기는 행함이라는 것을 가르쳐
주었다.

　　에이미 카마이클의 이런 가르침이 아마도 나의 머리와
가슴속에 잠재하고 있었던 것 같다. 약 20년 전 캄보디아 단기 선교를
하러 갔을 때, 한 부인이 선교사에게 무엇인가를 애절하게 부탁하는
모습을 보았다. 나는 캄보디아어를 전혀 알아듣지 못했기에
선교사에게 물어보았다.

　　"무슨 내용이길래 그분이 그렇게 진지하게 물어보았습니까?"

　　"남편이 얼마 전 에이즈로 세상을 떠났답니다. 그리고 자신도
남편에게서 감염되어 언제 죽을지 모른다고 했습니다. 그러면서

자기도 죽으면 하나밖에 없는 딸이 걱정된다며 혹시 선교사님이
대신 키워 주실 수 있느냐고 물었습니다."

"그래서 무엇이라고 답하셨나요?"

"당연히 그렇게 하겠다고 했지요."

숙소로 돌아와 곰곰이 생각했다. 행함이 없는 믿음은 죽은
것이라고 했는데, 그렇다면 지금 내가 있는 이 위치에서 무슨
일을 할 수 있을까? 하나님은 나에게 교회를 맡기셨다. 이 교회를
통해서 무슨 일을 할 수 있을까? 단기 선교에서 돌아와, 나는 당회에
조심스럽게 제안했다.

"우리 교회가 캄보디아에 보육원을 세워야겠습니다. 특히
에이즈로 부모를 잃은 어린이들을 위한 보육원을 세워야겠습니다."

감사하게도 당회원들의 반응은 긍정적이었다. 그 이후 여러
번 비전 트립을 다녀오면서 보육원 건립을 위한 일들이 진행되었다.
드디어 2011년 5월 5일, 생명샘고아원이 완성되어 개원식을 하게
되었다. 지금은 50여 명의 고아를 돌보는 곳이 되었고, 그중에는
부모를 에이즈로 잃은 어린이들도 있다.

아직도 나는 영성을 지적으로 표현하려 한다. 더 많이 성경을
읽고, 더 많은 깨달음을 얻고, 또 그 깨달음을 나누는 것으로
생각한다. 문제는 모든 것이 머릿속에서만 이루어진다는 점이다.
에이미 카마이클은 지금도 그런 나에게 도전을 준다. 올바른
영성이란 무엇인가? 어떻게 지·정·의 모두 균형 잡힌 영성을 추구할
것인가?

에이미가 하나님 품으로 간 지도 어느새 65년이 넘었지만,
아직도 도나부르의 사역은 이어지고 있다. 지금은 사역 지도자

캄보디아에 세워진 생명샘고아원.

전원이 인도인이고, 그중 도나부르에서 자란 사람들이 많다.
도나부르에 한 알의 밀이 떨어져 죽었고, 죽었기 때문에 많은 열매를
맺었다. 그 열매는 인도뿐 아니라 전 세계로 퍼졌다. 에이미의
이야기를 듣고 선교에 헌신한 짐 엘리엇은 비록 젊은 나이에
순교했지만, 그의 삶을 통해 수많은 젊은이가 선교사로 헌신하게
되었다. 짐 엘리엇이 있기까지는 에이미 카마이클의 헌신이 있었다.

29세의 나이에 인도에 와서 84세로 하나님의 부르심을 받을
때까지, 에이미는 장장 55년을 한 번도 본국에 돌아가지 않고, 모든
것을 인도에 바쳤다. 헌신은 헌신을 낳는다. 에이미 카마이클은
짐 엘리엇뿐 아니라 나에게도 큰 도전이 되었다. 오늘도 수많은
사람에게 감동을 주고 있다. 복음을 위해 모든 것을 내려놓은 사람,

갈보리 십자가 사랑을 아낌없이 전한 사람, 우리에게 균형 잡힌
영성을 보여 준 사람이다.

> 하나님 아버지 앞에서 정결하고 더러움이 없는 경건은 곧 고아와 과부를 그
>
> 환난 중에 돌보고 또 자기를 지켜 세속에 물들지 아니하는 그것이니라 약 1:27

짐
엘리엇

JIM ELLIOT, 1927-1956

젊은 나이에 선교를 결심하고 오직 한길을
달려가 에콰도르 정글에서 순교하였다.
그의 죽음은 수많은 젊은이들의 가슴에
선교의 불을 지폈다.

짐 엘리엇 JIM ELLIOT, 1927-1956

1927 10월 8일 미국 오레곤주 포틀랜드에서 태어남.
1949 휘튼대학교 졸업.
1950 여름 에콰도르 아우카(와오라니)족에 대해 처음 들음.
1952 피터 플레밍과 함께 에콰도르에 도착.
1953 휘튼대학교 동문 엘리자베스 하워드와 선교지에서 결혼.
1955 딸 밸러리 출생.
1956 1월 8일 와오라니 족에 의해 동료선교사들과 함께 순교함.
1958 아내 엘리자베스가 짐의 전기《전능자의 그늘》을 출판함.

영원한 것을 얻고자
영원하지 않은 것을 버린 자

1984년은 내 일생에서 가장 기억에 남는 해다. 무엇보다 이 기간에 나는 짐 엘리엇이란 순교자에 대해 처음 알게 되었고, 그의 죽음을 통해 순종하는 삶이 무엇인지를 배웠다. 그해 여름, 나는 짐 엘리엇처럼 순종의 삶을 살려고 구체적인 결단을 내렸다. 은행 통장을 털어 선교 자금을 만들고, 교회와 여러 지인의 도움을 받아 말로만 듣던 아마존 지역을 다녀왔다. 비록 두 달 반밖에 되지 않는 짧은 기간이었지만, 열심히 복음을 전하며 짐 엘리엇처럼 살려고 노력했다. 그때 가졌던 순수한 마음이 나의 사역에 큰 밑거름이 되었다.

내 일생을 바꾸어 놓은 집회

이야기의 시작은 1983년 12월 말로 거슬러 올라간다.
그때 나는 대학부를 맡은 평신도 리더로 학생들을 인솔해서
미국 칸자스시티에서 열린 대학생선교회Campus Crusade for Christ의
크리스마스 콘퍼런스에 다녀왔다. 4박 5일간 진행되었던 이 집회에
빌리 그레이엄, 빌 브라이트와 같은 유명 강사들이 오셔서
학생들에게 큰 도전을 주었다. 그중 나에게 가장 강렬한 인상을
준 사람은 엘리자베스 엘리엇Elisabeth Elliot, 1926-2015이었다. 이분은
에콰도르 정글 아우카Auca 부족에게 복음을 전하다 살해된 남편 짐
엘리엇의 이야기를 우리에게 들려주며, 남편이 죽은 후 살해자들의
마을에 들어가 복음을 전한 놀라운 내용을 또박또박 간증했다. 나뿐
아니라 그 자리에 있던 모든 사람은 그렇게 감동적인 간증을 들어본
적이 없었을 것이다. 우리는 모두 그분의 간증에 완전히 빨려들어
가는 경험을 했다.

짐 엘리엇과 함께 아우카족에 의해 희생된 선교사는 모두
합쳐서 다섯 명이었다. 그들은 아우카족 선교를 위해 치밀한 계획을
세우며 하나님의 때를 기다리고 있었다. 그 이유는 아우카족이
외부인을 철저히 경계했기 때문이다. 가까이 가면 언제 죽일지 모를
정도로 험한 경계 상태였다. 어느 날 아우카족의 태도가 서서히
바뀌어 간다고 생각한 선교사들은 적절한 시기가 왔다고 판단했을
때 아우카족이 사는 깊은 정글로 들어갔다. 그러나 그들은 전혀
예상치 못한 기습을 받고 살해당한다. 라디오 교신이 되지 않자
아내들은 급히 수습대를 보냈지만, 이미 그들의 시신은 창에 찔린 채

쿠라라이 강 위에 떠 있었다. 망연자실했을 아내들의 모습에 대해선 부연 설명이 필요 없을 것이다. 놀라운 사실은 이 소식을 듣고 얼마 지나지 않아, 엘리자베스 엘리엇이 두 살 된 딸 밸러리를 데리고 동료 순교자 네이트 세인트Nate Saint의 누나 레이첼 세인트와 함께 아우카 부족이 사는 마을로 들어가는 초유의 결단을 내렸다는 것이다. 아예 그들과 살며 말도 배워 복음을 전할 목적이었다. 엘리자베스의 노력으로 남편을 살해한 사람을 그리스도의 이름으로 용서할 수 있었고, 살인자가 변하여 복음 사역자가 되는 역사가 일어났다.

엘리자베스 엘리엇의 간증은 잠자던 나의 심령을 뒤흔들어 놓았다. '아니, 어떻게 이런 일이 가능하다는 말인가? 복음 전파를 위해 누가 또 이런 순종을 할 수 있을까? 순교도 순교지만 어떻게 어린 딸을 데리고 그 무서운 아우카 부족과 살면서 복음을 전할 수 있을까?'

캔자스시티 집회를 마치고 집에 돌아온 나는 곧 기독교 서점을 찾았다. 그리고 엘리자베스 엘리엇이 쓴 책들을 사서 읽어 내려갔다. 먼저 짐 엘리엇의 일기장을 토대로 그의 삶을 정리한 《전능자의 그늘》을 읽으면서 놀라움을 금할 수 없었다. 짐 엘리엇은 어느 날 갑자기 순교자가 된 것이 아니었다. 한순간의 공격으로 동료들과 함께 떼죽음을 당했지만, 사실 그는 오래전부터 순교할 각오로 아우카 선교에 헌신했다. 에콰도르에 가기까지 모든 것을 포기하고 위험하기로 소문난 아우카족을 마음에 품고 기도하기까지, 그는 철저히 순교자의 정신으로 하나님의 부르심에 응했다. 그의 준비를 도운 영적 은사들이 있다. 바로 데이비드 브레이너드, 조너선 고포스, 허드슨 테일러, 존 페이턴이다. 이들의

공통점은 순종하는 삶을 통해 위대한 하나님의 선교에 동참했다는
것이다. 이들 중에서도 짐은 브레이너드로부터 가장 깊은
영향을 받았다. 비록 시대는 달랐지만, 부르심에 순종하기까지
선배 선교사들의 귀한 영적 멘토링이 있었던 것이다. 여기에 짐은
아버지로부터 철저한 영적 가르침을 받았다. 프레드 엘리엇 목사는
아침 식사가 끝나면 항상 네 자녀를 앞에 앉혀 놓고 하나님 말씀대로
살 것을 가르쳤다. 깊은 신학을 한 사람은 아니었지만, 짐은
아버지가 하나님과 깊은 교제를 나누고 있다는 것을 어려서부터
알았다.

　　짐이 선교에 대해 큰 관심을 가지게 된 것은 아버지의
영향이 컸다. 아버지는 자녀들에게 항상 성경 말씀대로 순종하며
살 것을 가르쳤고, 땅끝까지 가서 복음을 전하라는 하나님의
명령에 순종해야 할 것을 가르쳤다. 짐은 휘튼대학교 3학년 재학
중 선교지로 갈 것을 놓고 진지하게 기도했다. 그리고 더 많은
젊은이들이 선교지로 나가지 않는 것을 보며 안타까워했다.

　　교회는 왜 깨어나지 못할까? 누구든 '나를 보내소서'(사 6:8)라고
　　기도만 한다면 주님이 얼마나 귀한 소명을 주시는가. 우리 젊은이들은
　　선교지에 '소명감'이 없다는 이유로 전문 사역 분야로 들어간다.
　　소명은 없어도 된다. 한 대 맞기만 하면 된다. 우리는 '그들이 오지
　　않는다'고 울고 있을 것이 아니라 직접 '나갈' 생각을 해야 한다. 누가
　　이글루 안에 들어오고 싶겠는가? 무덤도 교회보다 춥지는 않다.
　　하나님, 우리를 내보내소서.[1]

이 세상에 짐과 같이 순수하면서도 성숙한 신앙을 가진 사람이 얼마나 될까?《전능자의 그늘》을 읽어 보면 짐은 평범한 20대 청년이 아니었다는 결론을 내리게 된다. 그가 비록 28년이라는 짧은 생애를 살았지만, 그의 삶은 영적 거장의 삶이었다. 매일매일 하나님께 나아가 순종함으로 자신을 드렸고, 1956년 1월 8일 아우카족의 복음화를 위해 자신의 마지막 순간을 드렸을 때는 순종의 최고 열매를 드린 것이다.《전능자의 그늘》을 처음 읽었을 때 나도 짐과 같은 20대 청년이었지만, 그가 가졌던 영성은 차원이 다른 모습이었다.

짐의 삶과 죽음을 통해 깨닫는 것이 있다. 하나님은 전심을 다해 하나님께 순종하는 자를 사용하신다는 것이다. 그렇다. 비결은 순종이다.《전능자의 그늘》,《영광의 문》그리고《야만인 나의 친족》[2]을 차례로 읽고 나니 심장이 너무 뛰어 도저히 참을 수가 없었다. 순종의 삶이 무엇인가를 깨닫고 난 이상, 가만히 앉아 있을 수만은 없었다. 짐에게 받은 도전에 무엇인가 응답해야겠다는 생각으로, 당시 결혼한 지 1년이 채 안 된 신혼부부였던 아내와 나는 브라질 여름 단기 선교에 참여하기로 결심했다. 우리에게 주어진 사역은 짐 엘리엇이 순교한 에콰도르 동쪽에 위치한 브라질 아마존 정글에서 시작되었다. 그 여름 우리는 브라질 북부 지방을 다니며 열심히 복음을 전했다. 여름 내내 짐 엘리엇을 생각했고, 특히 순종이 무엇인가에 대해 묵상했다. 그때 순종이란 내 뜻대로 사는 것이 아니라 하나님의 뜻대로 사는 것이라는 아주 단순한 진리를 깨달았다. 그리고 그때 깨달은 진리는 나중에 우리 부부가 필리핀 선교사로 헌신하는 데 큰 몫을 했고, 지금은

에콰도르 아라주노 선교지부 앞에서. 왼쪽부터 맥컬리 부부, 플레밍 부부, 엘리자베스와 짐.

선교지에서 돌아와 전통적 교회를 선교적 교회로 전환하는 일에
헌신하도록 만들었다.

짐 엘리엇은 왜 순종을 택했을까?

일반적으로 '선교사' 하면 사람들은 세상의 좋은 것을 포기하고
타문화권 오지로 가서 복음을 전하는 하나님의 사람으로 생각한다.
그런 삶을 선택했기에 '선교사' 하면 많은 희생을 감수하는 사람으로
생각한다. 그렇다. 대체로 선교사라고 하면 순종의 삶을 사는
사람으로 알려져 있다. 교회사에 나타난 위대한 선교사들은 대부분
순종과 희생의 삶을 선택했다. 예를 들어 16세기 말 명나라에 들어가

한자를 배우고 사서삼경을 터득해서 유교에 익숙한 중국인들에게
'천주'의 개념을 소개하며 복음을 전했던 예수회 신부 마테오
리치Mateo Ricci를 생각해 볼 수 있다. 오지에서의 삶이 얼마나
힘들었을까 생각해 보면 순종 없이 가능한 일은 없다. 또 황해도 소래
마을에 들어가 한국 사람과 똑같이 생활하며 복음을 전하다 일찍
하나님 품으로 간 캐나다 노바스코샤주 출신 윌리엄 맥켄지William
MacKenzie 선교사를 생각해 본다. 선교의 주가 되시는 주님께 순종하는
마음 없이 한 번도 보지 못한 사람들과 살며, 한 번도 먹어 보지
못한 음식을 먹을 수 있었을까? 또 전쟁 중인 남수단에 가서 자신은
병마와 싸우면서도 헌신적으로 환자를 돌보다 세상을 떠난 이태석
신부 같은 사람도 있다. 한마디로 순종의 용사들이었다. 우리는
물어야 한다. '왜 이들은 순종을 택했을까?' '과연 하나님의 일을 순종
없이 희생적으로 제대로 할 수 있을까?'

　　짐 엘리엇은 순종을 연습했고 순종을 선택했다. 그의 삶은
순종의 연속이었다. 그가 에콰도르 정글 아우카족에게 복음을
전하겠다고 작정하고 부모 곁을 떠났을 때, 그는 결코 영웅심이나
모험심을 따라 행동하는 젊은이가 아니었다. 누구보다 아우카
부족의 위험을 알았지만, 그는 주님의 명령에 순종하기 위해 아우카
선교를 결심한 것이었다. 아우카족이 왜 백인을 경계하게 되었는지
엘리자베스 엘리엇의 설명을 들어 보자.

약 50년간—1875년경부터 1925년까지—그들은 (천연고무 채집자들)
정글을 헤집고 다니며 인디언 가옥들을 약탈하고 불태우며 강간과
고문을 일삼고 부족민들을 노예로 삼았다. '법을 모르는 열등 종자'의

개념이 거의 보편적으로 통용되던 시대였다.³

아우카족을 무서운 사람들로 만든 주범은 천연고무 채집자들
이었다. 그들의 만행 때문에 아우카족은 백인을 증오했고, 접근하는
백인을 경계했다. 아우카족 선교가 위험함을 알면서도 그들에게
찾아간 짐과 동료 순교자들은 결코 영웅심에서 우러난 경솔한
행동을 한 사람들이 아니었다.

여기서 우리가 한 가지 기억해야 할 것이 있다. 1940년대와
1950년대 중남미 원주민 선교는 전방개척frontier mission의 성격을
띤 선교였다. 깊은 정글 속에서 외부와의 모든 접촉을 차단하고
사는 사람들에게 복음을 전한다는 것은 말 그대로 '프런티어
미션'이었다. 너무 힘든 현실이었지만, 여러 선교단체가 선교사들을
정글로 보냈다. 남미인디언선교회South American Indian Mission, 안데스
복음주의선교회Andes Evangelical Mission, 위클리프성경번역회Wycliffe
Bible Translators, 뉴트라이브선교회New Tribes Mission 등에서 순교의
위험을 무릅쓰고 계속해서 선교사를 보냈다. 첫 순교자는 볼리비아
정글에 사는 아요레스Ayores족에게 살해당한 뉴트라이브선교회
선교사들이었다. 아요레스족의 최대 무기는 짧은 화살이었다.
언제 어디에서 날아올지 모르는 화살은 무섭고도 위협적이었다.
폴 플레밍Paul Flemming과 일행은 주위의 반대를 무릅쓰고 죽음의
길을 단행했다. 1943년 6월, '만일 우리가 한 달 안에 소식이 없으면
우리를 찾으러 오십시오'라는 작은 쪽지를 남긴 채 결연한 모습으로
정글로 향해 들어간 이들은 결국 모두 죽임을 당했다.

- 폴 플레밍 Paul Flemming
- 데이브 베이컨 Dave Bacon
- 세실 다이 Cecil Dye
- 조지 호스백 George Hosback
- 밥 다이 Bob Dye
- 엘던 헌터 Eldon Hunter

이제는 불러도 답이 없는 사람들이 된 것이다. 어린 짐에게는 큰 도전이 되는 사건이었다. 이미 언급한 대로 짐은 아버지 아래서 살아 있는 신앙을 배웠다. 비록 아버지 프레드 엘리엇 목사가 신학적 지식은 적었어도, 자녀들에게 체험적 신앙을 보여 주었다. 하나님을 아는 지식보다는 하나님과 동행하는 삶 자체를 보여 준 것이다. 이런 영적 환경 속에 자란 짐 엘리엇은 생명을 건 원주민 선교에 커다란

짐과 동료들이 에콰도르에 타고 간 네이트 세인트의 비행기.

관심을 갖게 되었다.

캔자스시티 집회에 참여했던 우리는 엘리자베스 엘리엇을 통해 남편 짐이 얼마나 순종의 사람이었는지 한 일화를 통해 더 확실히 알게 되었다. 거의 40년 전에 들었던 간증이지만, 지금도 마치 어제 들었던 것처럼 내 머릿속에 생생하게 남아 있다.

> 제가 짐을 참 좋아했어요. 그런데 짐은 저에게 눈길 한번 주지
> 않았어요. 1년 선배였던 제가 휘튼칼리지를 졸업하게 되었는데,
> 마음이 참 답답했지요. 좋아하는데 표현을 못 했기 때문입니다.
> 졸업식 날 저는 용기를 내어 졸업 앨범을 짐에게 갖고 가서 한 줄
> 기념이 될 만한 내용을 써달라고 했습니다. 짐은 앨범 안쪽에
> 잽싸게 디모데후서 2장 4절이라고 적더군요. 숨 가쁘게 기숙사
> 계단을 올라 제 방에 가서 성경을 찾았더니 "병사로 복무하는 자는
> 자기 생활에 얽매이는 자가 하나도 없나니 이는 병사로 모집한 자를
> 기쁘게 하려 함이라"라는 내용이었습니다. 한마디로 나에게는
> 관심이 없다는 뜻이었습니다. 꽤 서운하더군요. 나중에 알았지만,
> 짐은 오래전에 하나님께 서약한 것이 있었답니다. 그가 선교지에
> 도착할 때까지 절대로 연애를 하거나 이성에 한눈을 팔지 않기로
> 했다는 것입니다. 그래서 짐과는 연애 한번 해보지 못하고 졸업을
> 하게 되었지요. 4

하나님의 일을 우선으로 하기 위해서 짐은 늘 순종을 생각했다.

주님, 주님이 제게 주님을 섬길 수도 있고 제 길을 갈 수도 있는 절대적

자유를 주셨음을 압니다. 저는 영원히 주님을 섬기렵니다. 주님을
사랑하기 때문입니다. 저는 자유인으로 나가지 않겠습니다. 제 귀를
뚫으소서. 주님. 주님의 음성에만 반응하게 하소서.⁵

　이 내용은 짐이 대학교 3학년 때 적은 것이다. 그 나이에는
누구나 한 번쯤 이성에 대한 호기심을 가질 만한데, 그는 선교지에
가기 전까지는 절대로 이성 교제를 하지 않겠다고 하나님께 서약을
했다. 그래서 엘리자베스는 졸업식 날 철저히 무시를 당했다.
그러나 놀랍게도 두 사람은 몇 년 후 마치 약속이나 한 듯 에콰도르의
수도 퀴토Quito에서 각각 선교사의 신분으로 만나게 된다. 한곳에서의
만남을 허락하신 하나님께 감사하며 둘은 기쁘게 결혼했다.
　우리는 이런 질문을 해야 한다. '왜 짐은 순종의 삶을
선택했을까?' 순종은 100퍼센트 자원하는 마음에서 나와야 한다.
만에 하나라도 순종하지 않을 때 일어날 일이 두려워서 순종했다면
그것은 참다운 순종이라고 볼 수 없다. 순종은 앞뒤 돌아보지
않고, 아무런 계산 없이 부르심에 그저 나오는 것이다. 내가 할
만하기에 하는 것은 순종이 아니다. 그저 잘 준비한 선택일 뿐이다.
순수한 순종은 손해를 감수하더라도 자원하는 마음으로 기꺼이
하는 것이다. 짐이 순종의 삶을 선택한 이유는 바로 이것이라고 본다.

병사로 복무하는 자는 자기 생활에 얽매이는 자가 하나도 없나니 이는
병사로 모집한 자를 기쁘게 하려 함이라(딤후 2:4).

　바로 이것이다. 엘리엇에게 왜 순종을 택하느냐고 질문을

휘튼대학교 시절, 짐과 엘리자베스.

한다면, 주님을 기쁘시게 해드리려는 목적 외에는 다른 설명이
가능하지 않다.

순종을 행동으로 옮기다

짐 엘리엇과 그의 동료들은 퀴토에서 언어를 배우며,
아우카족에 대해 자세히 배우기 시작했다. 그들의 원명은 와오라니
Waorani족이고, '아우카'는 케추아Quechua족 언어로 '무정한
살인자'라는 뜻인데, 외부자들이 지은 악명이다. 정글 속에서 나오지
않는 그들은 한마디로 무시무시한 사람들이었다. 접근하는 백인들은
살아남지 못했다. 그런 아우카족을 위해 짐과 동료 선교사 네 명은
복음의 문이 열리도록 뜨겁게 기도하기 시작했다. 그러던 어느 날
결정적인 기회가 찾아왔다. 아우카족에게서 도망쳐 나온 한 자매를
만나게 된 것이다. 선교사들은 그 자매에게서 아우카 말을 배우기
시작했고, 그들이 어디에 사는지, 그리고 어디를 가야 만날 수 있는지
알게 되었다.

평소에 짐은 '영원한 것을 얻고자 영원하지 않은 것을 버리는
자는 바보가 아니다He is no fool who gives what he cannot keep to gain what he cannot
lose'라는 말을 하곤 했다. 이제 그 말을 실천으로 옮길 때가 된 것이다.
사랑하는 아내 엘리자베스와 두 살 난 딸 밸러리를 놔두고 영원한
것을 얻기 위해 떠날 결단을 내려야 했다. 미지의 세계 아우카
지역으로 그와 운명을 함께한 젊은 선교사들은 피터 플레밍Peter
Fleming, 로저 유데리언Roger Youderian, 에드 맥컬리Ed McCully, 그리고

네이트 세인트였다.

1956년 1월 3일, 네이트 세인트가 조종하는 경비행기에 몸을 실은 일행은 아우카족이 살고 있다고 여겨지는 큐라라이 강가 근처에 착륙했다. 강 옆으로 조그마한 모래 섬이 있었는데, 그곳만이 안전하게 착륙할 수 있는 곳이었다. 선교사들은 그곳을 팜 비치Palm Beach라고 불렀다. 네이트 세인트는 다시 비행기를 타고 아우카족 마을을 공중에서 회전하며 선물을 떨어뜨리고 팜 비치에서 만나자는 몸짓을 했다. 혹시라도 오지 않을까 가슴을 조이며 선교사들은 3일을 기다렸다. 1월 6일 아침, 드디어 강 건너편에서 한 남자와 두 여자가 나타났다. '뿌이나니Welcome'하고 선교사들은 그들을 불렀다. 짐 엘리엇은 재빨리 강으로 들어가 그들의 손을 잡았다. 얼마나 기다렸던 만남인가? 비록 제대로 소통을 할 수는 없었지만, 선교사들은 세 아우카 인디언들과 하루 종일 좋은 시간을 보낼 수 있었다. 다음에는 더 많은 아우카 인디언들이 올 것을 기대하며 헤어졌다.

이틀 후인 1월 8일, 조종사 남편 네이트로부터 더 이상 라디오 시그널이 오지 않자, 아내 마지는 무엇인가 심각한 문제가 생겼다는 것을 직감했다. 곧 구조 요청을 했고, 구조대원들이 서둘러 아우카 지역을 찾아갔지만, 이미 때를 놓친 후였다. 선교사 전원이 창에 찔려 죽은 시체로 강 위에 떠있었다. 온 세상이 발칵 뒤집혔다. 어떻게 또 한 번의 이런 비극이 일어난 것일까? 왜 이들은 이렇게 무모한 행동을 했을까? 자신을 보호할 무기를 소유하지 않고 위험한 곳에 함부로 들어간 것일까? 그 당시 언론은 위로는커녕 젊은이들의 죽음이 너무나 무모했다는 결론을 내려 버렸다.

아우카(와오라니)족 모자와 함께 웃고 있는 엘리자베스와 딸 밸러리.

　　그러나 그때부터 하나님의 새 역사는 시작되었다. 먼저 짐의
아내 엘리자베스의 마음을 움직이셨고, 이어 그녀는 두 살이 된 딸을
데리고 남편을 죽인 아우카족을 찾아가 2년 동안 살면서 복음을
전했다. 조종사 네이트 세인트의 누나 레이첼 세인트도 합류했다.
함께 복음을 전하며 아우카족이 회심하는 것을 목격했다. 가장
놀라운 반전은 남편을 죽인 사람들 가운데 한 명이 목회자가 되어
살인 현장인 큐라라이 강에서 살해자 네이트 세인트의 아들에게
세례를 베푼 것이다! 도저히 믿기 어려운 일이 일어났다.

순종이란 하나님 중심으로 사는 것

짐 엘리엇의 일기 속에 이런 사연이 적혀 있다.

베티가 떠난 지 한 시간밖에 안 됐다. 그 짧은 시간에 아픔이 천둥처럼
내 속을 훑고 지난다. 버스에서 돌아서는데 네온사인을 읽을 수
없었다. 지나가는 사람들을 마주 볼 수도 없었다. 베티를 보내기가
정말 힘들다.[6]

이 글의 배경은 엘리자베스(베티)를 떠나보내는 장면이다. 짐
엘리엇이 선교지로 가기 한 해 전, 짐 어머니의 거듭된 초청으로
베티가 포틀랜드 집을 방문한 적이 있다. 그때 짐은 복음의 황무지인
남미 정글의 인디언들을 놓고 기도하던 중이었다. 대학 선배이자
친구의 누나였던 베티를 마음속 깊이 사모하기는 했지만, 함부로
사랑을 고백하기 어려운 처지에 있었다. 그에게 하나님께서 주신
인디언 선교라는 분명한 우선순위가 있었기 때문이다. 앞으로 험한
개척지에서 어떤 일이 전개될지 모르는 상황인데, 그가 먼저 사랑에
빠지고 가정을 만드는 개인적인 일에 몰두하는 것이 적합하지
않다고 생각했기 때문이다. 그래서 베티 같은 좋은 사람을 자기
사람으로 만들지 못하고, 만남과 헤어짐을 받아들여야 하는 아픔과
더불어 살아야 했다.

베티를 돌려보내고 짐은 계속해서 기도하며 하나님의
인도하심을 구했다. 그런데 기도할 때마다 확신을 주신 것은 남미
개척지 선교가 우선이라는 것이었다. 위험한 지역에 가정을 둔

사람이 들어가기보다는 미혼자가 적합하다는 판단이 더 분명해졌다. 짐은 결혼을 나중의 일로 연기하고, 대신 그와 함께할 동역자를 놓고 기도했다. 싱글로 에콰도르에 간 짐은 하나님의 경륜 아래 그곳에 싱글로 왔던 엘리자베스와 결국은 선교지에서 결혼하게 되지만, 짐은 이런 과정을 통해 하나님께서 주신 우선순위를 흩뜨리지 않았다. 우리는 짐의 삶에서 순종을 배운다. 남미 원주민 선교를 놓고 고민할 때 짐은 '순종할 때 앞길이 보인다'는 조지 맥도널드의 말이 생각났다. 자신의 생각이나 권리를 주장하지 않고, 오직 하나님의 뜻을 구하며 순종의 자리로 나갔을 때, 하나님께서는 그에게 분명한 길을 보여 주신 것이다.

순종은 전적으로 하나님의 뜻을 높이는 삶이다. 성경에 나오는 인물 중에 사울 왕과 다윗 왕의 대조적인 모습이 생각난다. 왜 사울이 왕이 되자마자 하나님으로부터 버림을 받았는가? 왜 다윗은 밧세바와 동침하고 우리아를 죽였음에도 왕의 자리에서 내려오지 않았는가? 이는 순종이란 단어로 정리된다. 사울은 아말렉 민족을 말살하라는 하나님의 분명한 명령을 자신의 정치적 입맛에 맞게 변질시켜서 아각 왕을 생포하고 살진 짐승을 포획했다. 전쟁에서 돌아오는 길에 자신의 업적을 기리는 기념비까지 세웠다(삼상 15:12). 하나님을 높이려는 모습을 전혀 찾아볼 수 없었다. 하지만 다윗은 밧세바와 동침하며 못된 짓을 했을 때 선지자 나단의 책망 앞에 일체 핑계를 대지 않고 사죄했다(삼하 12:13). 다윗이 범죄를 회개하며 낮아지면 낮아질수록 죄악을 증오하시는 공의로우신 하나님을 드높이는 결과가 된 것이다.

순종은 철저히 하나님 중심의 삶을 말한다. 인생의 중요한

Blood, full preachers and preaching with Thy power. How long dare we go on without tears; without moral passions, hatred and love? Not long, I pray, Lord Jesus, not long...

Oct 28 - One of the great blessings of Heaven is the appreciation of heaven on earth — Ephesian truth.

He is no fool who gives what he cannot keep to gain that which he cannot lose. Lu 16:9 "that when I shall fail, they may receive you into everlasting habitations"

Scripture leaves so many stories untold. Think of the calloused heart of the priest who stooped over, squinting in the dimness of the sanctuary, looking for the 30 pcs. of silver Judas cast there - pausing to see if he had found all 30. Too legal to put the money in the treasury since it was blood-money, they wax very philanthropic and buy with it a field to bury strangers in. How cold the heart of man! How feelingless and obdurate!

1948년 10월 28일 짐 엘리엇의 일기.
'영원한 것을 얻고자 영원하지 않은 것을 버리는 자는 바보가 아니다.'라는 말이 적혀 있다.

결정이 전적으로 하나님의 승인 아래 이루어진다는 커다란 원칙
아래 살아가는 것이다. 짐 엘리엇의 삶을 '순종'이라고 요약할 수
있는 이유가 바로 여기에 있다. 그는 순종의 삶을 살려고 부단히
노력했고, 그보다 앞서 이 길을 간 데이비드 브레이너드의 일기를
읽고 음미하며 따라갔다. 짐 엘리엇은 나에게 순종하는 삶이
무엇인지를 보여 주었고, 이에 도전하게 했다. '성령 안에서 기도할
때 깨닫게 해주시는 하나님의 뜻대로 살 것인가, 아니면 최대한 내가
분석하고 연구한 자료를 바탕으로 내린 결론대로 살 것인가?'

짐 엘리엇에게서 순종을 배우다

요즘 같으면 짐 엘리엇 같은 사람을 구닥다리라고 부를 것이다.
왜 사랑을 미루냐고 물을 것이다. 연애도 하고, 결혼도 하고, 가정도
차리고, 그리고 선교도 하면 될 것 아니냐고 반문할 것이다. 그런데
짐은 달랐다. 삶 자체가 모든 사람에게 정해진 스케줄에 의해 자연히
끌려가는 것이 아니라, 하나님께서 주신 사명에 의해 철저하게
정해졌다. 남미 정글에서 복음을 들어보지 못한 채 백인과 적대
관계 속에 있는 인디언들의 복음화를 위해 부르셨다는 위대한 사명
아래, 자신의 사생활은 한없이 작아 보였던 것이다. 순종하는 삶은
하나님을 높이는 삶이다. 전적으로 하나님을 높이고 우리를 낮추는
것. 오늘날 우리의 신앙생활이 더 순수해지려면 순종을 배워야 한다.
그리고 실천해야 한다.

　　순종이란 자신의 삶을 하나님께 온전히 맡기고 하나님 뜻대로

사는 것을 말한다. 하나님의 일을 하는 사람에게 가장 필요한 것은 순종이다. 자기를 내세우는 사람은 하나님께 순종하는 마음이 없다. 이것은 위험천만한 것이다. 순종이란 단어는 히브리어로 '듣다(쉐마)', 헬라어로 '아래에서 듣다(휘파코에)'이다. 둘 다 '듣다'라는 어원에서 나온다. 초대교회 사도들이 '예수의 이름으로 더는 말하지 말라'는 종교 지도자들의 위협적인 목소리를 듣지 않고, 성령의 음성을 따른 것이 바로 순종이다.

> 베드로와 사도들이 대답하여 가로되 사람보다 하나님을 순종하는 것이[하나님의 음성에 경청하는 것이] 마땅하니라(행 5:29).

그러므로 순종을 잘하는 사람은 잘 듣는다. 하나님의 음성을 들으려 노력하고, 하나님의 뜻이 무엇인지 제대로 깨달아 실천에 옮긴다. 모든 사역의 시작은 하나님이시다. 그분께서 우리를 보내시고 재배치하신다. 그러므로 그분의 감독 아래 그분의 음성을 들으며 사역에 임한다는 것이 얼마나 중요한가? 한국 선교사 3만 명의 시대를 맞는 지금, 어느 때보다 순종이 중요하다. 순종하는 마음이 없다면 숫자는 득이 아니라 오히려 해가 될 수 있다.

존 새미스John Sammis 목사는 무디 집회 때 어떤 청년의 '예수만 믿고 의지하며 순종하겠다'는 고백을 듣고 찬송가〈예수 따라가며 복음 순종하면〉을 지었다.

> 예수 따라가며 복음 순종하면
> 우리 행할 길 환하겠네

주를 의지하며 순종하는 자는
주가 늘 함께 하시리라
의지하고 순종하는 길은
예수 안에 즐겁고 복된 길이로다 **7**

비록 짐이 간 길은 순교의 길이었지만, 그는 예수 안에서 즐겁고 행복한 삶을 살았다. 그와 동료의 죽음이 무모했다고 그 당시 많은 사람이 생각했지만, 그들의 죽음으로 인해 다음 세대의 선교사들이 나왔다. 짐과 엘리자베스 엘리엇의 《전능자의 그늘》은 다음 세대를 책임질 수많은 선교사의 가슴을 뜨겁게 했다.

나는 짐 엘리엇에게서 순종을 배웠다. 그는 결코 바보가 아니었다. 남들처럼 누릴 것 다 누리고 살지 못했지만, 이런 것들을 포기한다는 것이 결코 바보가 아니라는 것을 보여 주었다. 그는 약속된 생명의 면류관을 찾아간 것이다.

아래는 짐이 21세 때 드린 기도다.

아버지, 저로 분기점 같은 사람이 되게 하소서. 제가 접하는 사람들을 결단의 기로로 이끄소서. 저는 직선도로의 표지판이 되고 싶지 않습니다. 저를 갈림길로 삼아 주소서. 그리하여 사람들이 제 안에 계신 그리스도를 보고 어느 쪽으로든 하나를 택해야만 하게 하소서. **8**

짐 엘리엇의 삶과 죽음은 잠자는 수많은 그리스도인에게 분기점의 역할을 했다. 계속해서 잠을 자든지 아니면 그리스도를 위해 일어나든지, 반드시 택일을 하도록 만들었다. 그렇다, 순종이다.

하나님은 우리에게 순종을 원하신다.

'영원한 것을 얻고자 영원하지 않은 것을 버리는 자는 바보가 아니다.'

병사로 복무하는 자는 자기 생활에 얽매이는 자가 하나도 없나니 이는 병사로 모집한 자를 기쁘게 하려 함이라 딤후 2:4

드와이트
무디

DWIGHT L. MOODY, 1837-1899

가난한 소년에서 사업가로 성공하여
가난한 학생들을 도왔다.
이후 사업을 내려놓고 복음을 전하는 부흥사이자
성경학교 설립자로 활동하였다.

드와이트 무디 DWIGHT L. MOODY, 1837-1899

1837	2월 5일 미국 매사추세츠주 노스필드에서 태어남.
1841	아버지 사망, 홀어머니 밑에서 아홉 남매 중 여섯째로 가난 속에 성장.
1855	주일학교 교사 에드워드 킴볼의 도움으로 회심.
1858	교회학교(North Market Hall Sabbath School)를 시작
1861	사업가의 길을 포기, 복음 사역에 전력함.
1863	시카고 YMCA 도시 선교사로 임명.
1866	시카고 YMCA 지부 총책임자로 선출됨.
1867	첫 영국 방문, 찰스 스펄전, 죠지 뮬러와의 만남.
1870	시카고 YMCA 국제대회에서 찬양사역자 이라 생키를 만남.
1871	시카고 대화재로 일리노이 스트릿교회와 자택 전소, 전도 집회에만 주력.
1873	영국, 스코틀랜드, 아일랜드 순회 부흥집회 인도.
1879	빈곤층 여학생을 위한 노스필드학교 설립.
1881	빈곤층 남학생을 위한 마운트허몬학교 설립.
1886	YMCA 전국 학생대표자를 위한 여름 성경대회 시작(학생자원운동 시작).
1886	무디성경학교 설립.
1899	12월 22일 고향 노스필드에서 하나님의 부르심을 받음.

가난한 소년에서
복음 전하는 사업가로

불우하다고 다 불행해야 하나?

자라 온 환경이 아무리 불우하고 힘들었어도 오히려 인생에 반전을 일으키며 남을 위해 멋진 일을 하다 간 사람들이 있다. 1837년 2월 5일 매사추세츠주 노스필드에서 태어난 드와이트 무디가 바로 그런 사람이었다.

안타깝게도 그가 네 살 되던 해에 아버지가 갑자기 심장마비로 세상을 떠나면서 어린 7남매뿐 아니라 태중에 쌍둥이까지 9남매를 남겼다. 어머니는 홀로 9남매를 키우느라 말할 수 없는 고생을 했다. 쌍둥이가 태어난 지 4일이 지나지 않아, 빚쟁이 에즈라 퍼플Ezra

Purple이 찾아와 거친 욕설로 빚 독촉을 했다. 채권자들에게 시달린
가족은 그나마 남아 있던 가축과 땔감마저 다 빼앗기는 모욕을
감수해야만 했다. 추운 겨울, 땔감이 없어 벌벌 떠는 자녀들에게
어머니 벳시Betsy는 잠자리에서 나오지 말고 옷을 똘똘 말아 입고
추위를 견디라고 했다. 하루는 외삼촌이 땔감을 가득 싣고 와 밖에서
장작을 패기 시작했다. 이 소리를 들은 어린 무디는 마치 구세주가 온
것처럼 기뻤고, 그날 그 장작 패는 소리를 평생 잊을 수 없다고 무디는
회상한다. 어려움 속에서 자란 무디는 자신처럼 불우한 환경에 있는
사람들에게 특별한 관심을 갖게 되었다.

그 후 무디가 장성하여 고향 노스필드를 방문할 때의 일이다.
정겨운 고향에서 쉴 계획이었는데 때마침 땅을 사게 되어 불우
학생을 위한 학교를 건축하게 되었다. 1879년에 빈곤 계층 여학생을
위한 노스필드학교the Northfield Seminary for Young Ladies가, 그리고
1881년에는 빈곤 계층 남학생을 위한 마운트허몬학교the Mount Hermon
School for Boys가 세워졌다. 그런데 한 가지 놀라운 사실이 있었다.
마운트허몬학교를 지은 땅의 소유주는 다름 아닌 무디의 어머니를
괴롭혔던 채권자 에즈라 퍼플이었다. 그 땅을 살 때 무디는 몇몇
후원자들과 함께 기도했다. 어렸을 때 채권자로 인해 괴로웠던
순간들이 떠올랐다. 비록 자신에게는 너무 힘든 시간이었지만,
지금은 그 괴로움이 승화되어 오히려 궁극적으로 남을 돕는 자리에
있게 됨을 하나님께 감사했다.[1]

영어에 '시적 정의poetic justice'라는 표현이 있다. 인과응보라는
의미가 담겨 있는데, 악이 처벌받고 선이 보상받는 과정이
섬세하면서도 아이러니할 때 사용하는 표현이다. 어머니와 9남매를

괴롭혔던 에즈라 퍼플의 땅을 무디가 40년 후에 사들이게 될지 누가 알았을까? 그리고 그 땅 위에 세워진 마운트허몬학교가 19세기 말 전 세계로 선교사를 파송하는 학생자원운동the Student Volunteer Movement이 일어난 특별한 장소로 쓰임 받게 될 줄 누가 알았을까? 무자비하게 무디 가족을 괴롭혔던 채권자의 땅에 불우 학생을 위해 그리고 수많은 영혼을 살리는 세계 선교를 위해 사용되는 '시적 정의'가 행해진 것이다.

　　19세기 후반 영적 대각성 운동의 주역이었던 무디는 어떤 사람이었는가? 가난 때문에 학교도 제대로 가보지 못한 무디가 세계적인 부흥사가 된 배후에는 어떤 일이 있었을까? 우리는 무디의 삶을 통해 복음의 위대함을 확인할 뿐만 아니라, 그 복음 앞에 모든 야망을 내려놓고 온전히 순종하는 삶을 하나님께서 어떻게 사용하시는지를 보아야 한다.

　　가난 속에 자란 무디가 가난을 탈출할 수 있는 좋은 기회가 찾아왔다. 그가 17세가 되던 해에 외삼촌이 운영하는 보스턴 구두 상점에 취직하게 된 것이다. 외삼촌은 무디를 직원으로 받으면서 외삼촌이 출석하는 보스턴의 마운트버논회중교회Mount Vernon Congregational Church를 반드시 출석해야 한다는 조건을 달았다. 신앙생활에서 별 의미를 찾지 못하던 무디에게 교회란 따분한 곳이었지만, 삼촌과의 약속 때문에 교회를 다니기 시작했다. 무디는 예배당에 들어오기만 하면 몸을 비틀기가 일쑤였는데, 그런 무디를 유심히 눈여겨본 사람이 있었다. 바로 교회 학교 교사 에드워드 킴볼Edward Kimball이었다. 영혼에 관심이 있었던 킴볼은 어느 날 무디가 일하는 구두 상점을 찾아왔다. 무디의 어깨 위에 손을 얹으며

예수님을 영접해 본 적이 있느냐고 물었다. "어렸을 때는 교회를 잘
나갔는데요" 하며 대충 얼버무리는 무디에게서 킴볼은 "예수님을
구주로 모셨느냐?" 하고 직접 물었다. 별 생각 없이 대화를 진행
중이던 무디가 킴볼의 눈동자에 맺힌 눈물을 보는 순간, 마음속에
강한 찔림이 있었다. '이렇게 남의 영혼을 놓고 눈물을 흘리는
사람이 있는데, 나는 자신의 영혼에 대해서 무슨 생각을 하고
있는가?' 무디는 스스로 묻게 되었다. 한 교회학교 교사의 헌신에
놀란 무디는 큰 감동 속에 회개의 기도를 드렸다. 그리고 바로 그날
무디는 상점에서 무릎을 꿇고 예수님을 주님으로 모시는 영접 기도를
드렸다. 1855년 4월 21일의 일이었다. 이로써 무디의 영적 방황은
끝나고, 그리스도 안에서 새로운 삶이 시작되었다.

시카고에서 사역을 시작하다

무디가 19살이 되던 해 그는 보스턴을 떠나 시카고에 정착하게
된다. 인생의 방향을 결정하는 중요한 시기였다. 그 당시 시카고는
외지에서 몰려오는 사람들로 인해 폭발적인 성장을 하고 있었다.
1830년에만 해도 불과 350명 남짓한 자그마한 마을이 1850년에는
3만 명 가까이 불어났고, 1860년에는 11만 명을 넘게 되었다. 이때
청년 무디에게 두 가지 커다란 목표가 있었다. 아니, 욕심이라고 보는
것이 맞을 것이다. 하나는 많은 돈을 벌겠다는 것, 정확하게 말해서
10만 달러를 벌 목표를 세웠다. 그 당시 일당이 1달러밖에 되지
않았을 때 10만 달러는 지금의 1000만 달러가 넘는 금액이었을

시카고에서 부모가 없는 아이들과 시간을 보내는 무디.

것이다. 나중에 우리가 알게 되다시피 무디는 돈을 모으기 위한
목적으로 돈을 번 것이 아니라, 돈을 모아 선하고 위대한 목적으로
쓰기 위해서 돈을 벌었다. 무디의 다른 목표는 죽어가는 영혼을
주님께로 인도하는 것이었다. 두 가지 목표를 동시에 추구하는 것은
매우 이례적이었는데 무디의 독특한 가치관으로는 가능했던 것
같다. 열심히 일해서 재산을 모으고, 열심히 전도해서 많은 영혼을
하나님께로 인도하고 싶었다. 매일 저녁 무디는 기도 모임에 시간을
투자하면서 한편으로는 구두 판매, 부동산 투자, 금리 사업 등으로
발 빠르게 재산을 축적해 나갔다. 젊은이들을 유혹하는 살롱, 사창가,
도박 업소들이 즐비했지만 하나님의 은혜로 무디는 이런 곳을 피해
갈 수 있었다.

　　시카고에 온 지 4년 만인 1860년, 그는 1만 달러 이상의 엄청난

돈을 모을 수 있었다. 목표의 10퍼센트를 달성한 것이다. 또한 이
기간에 무디는 엄청난 영적 성장을 경험한다. '어머니'로 통했던
하숙집 여주인 필립 부인Mrs. H. Phillips은 제일침례교회의 성도였는데,
무디는 그가 인도하는 저녁 기도회에 매일 참석하면서 기도의 힘,
성경 연구, 말씀 암송, 그리고 영혼 구원의 열정을 배우게 되었다.
필립 부인은 무디에게 빈민가에서 서성거리는 어린이들을 향한
마음을 갖도록 도와주었다. 특히 어린이 전도와 제자훈련의 중요성을
깨닫게 되는데 이때 무디에게 큰 영적 임팩트를 준 사람은 스틸슨
J. B. Stillson이었다. 아버지뻘 되는 스틸슨은 청년 무디를 직접 데리고
다니며 선원 전도와 빈민촌 전도를 가르치면서 영혼의 의사가 되는
길을 보여 주었다. 무디는 또한 스틸슨을 통해 기도의 아버지 조지
뮬러를 소개받는다. 바로 뮬러의 책《주님과 조지 뮬러의 동행일지
A Life of Trust》를 빌리게 된 것이다. 이 책을 읽으면서 무디는 기도의
절대성을 깨닫게 되는데, 이때 스틸슨으로부터 받은 기도와 말씀의
훈련은 장차 위대한 사역자가 되는 데 중요한 밑거름이 되었다. 20세
청년 무디의 눈은 어두운 영혼을 밝히는 빛으로 가득했다. 무디를
위대한 전도자로 만들어 준 세 명의 영적 스승 킴볼, 필립스, 그리고
스틸슨 모두 평신도였다는 점을 주목할 필요가 있다.

　　무디는 신학교를 제대로 다니지 못했지만 누구보다도
하나님 나라의 복음을 힘차게 선포했다. 특히 알코올 중독자와
마약 중독자로 가득한 시카고 우범 지역 안에 사는 어린이 전도에
앞장섰다. 시카고강 북쪽에 위치한 이 지역은 '더 샌즈the Sands'라고
불렸던 우범지역으로 아동학대, 성범죄, 영양실조, 알코올 중독,
도박, 싸움, 성매매 등이 빈번하게 일어나서, 어린이들이 정상적으로

성장하기 어려운 주거 환경이었다. 방치된 어린이들은 학교
교육은커녕 기본적 의식주도 받지 못한 채 안타깝게 살고 있었는데,
무디는 이런 아이들을 직접 만나 복음을 전하며 그리스도의
사랑을 전하고 싶었다. 그의 삶은 서서히 복음에 사로잡혀 갔다.
1858년, 드디어 무디는 더 샌즈 안에 비어 있는 한 술집을 임대해서
깨끗이 학교로 개조했다. 'Sabbath School'이란 간판을 달고
노스파크교회학교를 시작했다. 주일 저녁마다 두 시간씩, 방치된
어린이들에게 세상의 빛이 되시는 예수 그리스도를 가르쳤다.
어린이들이 몰려오기 시작하자 장소가 곧 협소해졌다. 더 큰 장소를
빌려 더 많은 어린이에게 성경을 가르쳤다. 집중력이 떨어지는
어린이들에게 시청각 교재를 사용하며 성경을 가르쳤다. 곧 시카고를
넘어 미국 전역에 그의 이름이 알려지기 시작했고, 1860년에는
대통령 당선인 에이브러햄 링컨이 무디가 가르치는 학교를 직접
보기 위해 견학을 올 정도였다. 16명으로 시작된 교회 학교는 어느새
1,000명을 능가하는 커다란 학교가 되었다.

한편, 무디의 비즈니스는 계속해서 성장했고 이제 그의 수입은
연 5,000달러나 되었다. 사람들은 그의 비즈니스 센스와 능력을
인정했다. 무디가 하는 일은 언제나 성공한다고 믿은 한 과부는
15만 달러나 되는 재산을 무디에게 맡기며 관리를 해달라고 할
정도였다. 무디의 마음속에서는 커다란 갈등이 일어났다. 계속해서
비즈니스맨으로 살 것인가 아니면 복음전파를 위해 올인할 것인가?
무디는 얼마 전부터 그를 부르시는 하나님의 음성을 더 이상 무시할
수 없었다. 이제 단호한 결정을 내릴 시간이 온 것이다. 무디는
하나님의 부르심에 순종했고, 순종과 함께 '심플 라이프 스타일'을

택하게 된다. 이때부터 무디는 전적으로 복음에 사로잡힌 복음
전도자로서의 삶을 살았다. 더 샌즈의 어린이들을 가르치는 일에
몰두한 무디를 가리켜 사람들은 그를 '미친 무디Crazy Moody'라고
불렀다. 제정신이 아니고서야 누가 그 좋은 직업을 내려놓고 그렇게
험한 곳에 들어가서 종교적 일을 하겠느냐고 의아해했다. 세상의
눈으로 볼 때 분명 무디는 '미친 사람'이었다. 그러나 그에게 한 가지
확실한 것은 복음에 대한 이해와 체험이었다. 1860년, 무디는 사업을
정리하고 복음 전파에만 전념하기로 마음먹었다.

　1863년에는 YMCA 시카고 도시 선교사로 임명을 받았고, 그를
통해 예수를 믿게 된 많은 사람의 요청으로 1864년 일리노이주
스트리트교회를 창립한다. 복음을 접한 수많은 청소년이 교회를
찾아왔고, 그에게 맡겨진 일은 해를 거듭할수록 늘어났다.
1866년에는 시카고 YMCA 지부 총책임자가 될 정도였다. 이제 그가
해결해야 할 문제는 위험할 정도로 분주해진 그의 삶이었다. 어느새
심한 탈진 현상이 찾아왔고, 무디는 심각한 고민에 빠지기 시작했다.
이 상태로 계속해서 YMCA를 위한 사역과 모금 운동을 하며, 동시에
그가 원하는 어린이 전도를 지속하기는 어렵다는 결론을 내리게 된다.

화재가 약이 되다

　무디의 지친 삶을 하나님께서는 특별한 방법으로 정리해
주셨다. 1871년 시카고에 대화재가 일어난 것이다. 이 화재로 온
도시가 화염에 싸이고, 무디의 사역에는 엄청난 제동이 걸렸다.

그의 집과 교회는 전소되었고, 지부장으로 섬기던 YMCA 건물마저
역시 다 타버렸다. 막막한 현실 앞에서 무디는 복구를 위한 모금
운동을 위해 뉴욕 월스트리트를 오가다 뜨거운 성령 체험을 한다.
하나님께서 그에게 새로운 계획을 주시는 중요한 순간이었다. 속히
건물을 복원하는 것이 목표였지만, 하나님은 무디에게 건물보다 복음
전파가 더 중요함을 깨닫게 하셨다. 시카고로 돌아온 무디는 '우리
시대에 모든 사람을 그리스도께로'라는 슬로건을 걸고 부흥사로서의
활동을 시작한다. 어떻게 보면 시카고 화재가 전화위복이 된 것이다.
모든 것을 잃었지만 분주했던 자신의 삶을 정리하며 복음 전파에만
올인할 수 있게 된 것이다. 시카고 대화재로 무디의 분주한 일정은
모두 백지화되고, 순식간에 스케줄로부터 '자유인'이 된 무디는 영혼
구원을 위한 전도 집회에만 주력하게 되었다.

　　부흥사로 집회를 인도할 때마다 무디는 그와 동역할 찬양
사역자가 있었으면 했다. 집회마다 적합한 찬양자를 세운다는 것이
여간 힘든 일이 아니었기 때문이었다. 1870년 시카고에서 YMCA
국제대회가 있었다. 생키Ira David Sankey, 1840-1908의 찬양을 들은 무디는
흥분을 감추지 못하고 질문했다.

　　"어디에 사십니까? 기혼입니까? 미혼입니까? 무슨 일을 하는
분입니까?"하고 물었다.

　　"펜실베이니아주에 삽니다. 결혼해서 아내와 아이가 있습니다.
그리고 세무청에서 일합니다."도대체 왜 이런 질문을 하는지도 모른
채 생키는 답을 했다.

　　"그렇다면, 이제는 그것을 포기해야 합니다. 나는 지난 8년 동안
당신 같은 사람을 찾고 있었습니다."[2]

무디의 설교는 많은 사람들의 마음을 움직였다.

무디의 요구는 무리였지만, 결국 생키는 안정적인 직장을
버리고 믿음으로 무디의 제안을 받아들였다. 복음의 부르심 앞에서
순종한 것이다. 이렇게 복음의 부르심은 위대하다. 하나님께서
부르시면 이 세상 어떤 것도 그 부르심을 막을 길이 없다. 1873년
영국에서 진행된 부흥 집회에서 무디와 생키는 환상의 콤비를 이루며
복음 전도에 올인하게 된다. 생키가 먼저 찬양으로 회중의 마음을
열고, 무디가 나와 열정적인 목소리로 회심을 부르짖는 설교를 하면
다시 생키가 나와 아름다운 바리톤 목소리로 주를 영접하는 노래를
불렀다.

> 나 주의 도움 받고자 주 예수님께 빕니다
> 그 구원 허락하시사 날 받아 주소서
> 내 모습 이대로 주 받아 주소서
> 날 위해 돌아가신 주 날 받아 주소서[3]

영국 순회 집회는 상상 외로 성공적이었고 스코틀랜드와
아일랜드 방문을 포함해서 2년간 진행되었다. 특히 스코틀랜드
집회에서 생키는 '양 아흔아홉 마리'라는 시에 곡을 붙여서 노래를
불렀다. 스코틀랜드 사람들의 취향에 맞는 음조로 불린 이 노래는
대성공이었고 글래스고 집회에서만 3,000명이 회심하는 역사가
있었다.
생키와 무디는 40년 가까운 세월을 함께 하며 복음을 전했다.
생키의 노래는 집회가 끝나고도 사람들의 머릿속에서 떠나지를
않았다. 이때 부른 노래들이 19세기 복음성가의 새로운 장르를

만들었는데, 이는 오늘날 우리가 부르는 찬송가에서도 찾아볼
수 있다. '나 주의 도움 받고자'(214장), '양 아흔아홉 마리는'(297장),
'십자가 군병 되어서'(353장), '주 믿는 사람 일어나'(357장), '주 날개 밑
내가 편안히 쉬네'(419장), '어려운 일 당할 때'(543장) 등이 실려 있다.
생키는《성가와 독창곡집Sacred Songs and Solos》이라는 제목으로 악보를
출판해 은혜로운 찬양이 널리 불리게 했다. 무디의 집회에서 큰
은혜를 받고 함께 활동했던 사람들 가운데 작사가 휘틀D.W. Whittle,
작곡가 블리스Philip Paul Bliss, 맥그래넌James McGranahan 등이 작사·작곡한
'빈 들의 마른 풀 같이'(183장), '아 하나님의 은혜로'(310장), '주의 진리
위해 십자가 군기'(358장), '구주와 함께 나 죽었으니'(407장)과 같은
찬송은 무디와의 부흥 집회 때 널리 불렸고, 이런 노래를 부르며
은혜를 받은 선교사들이 한국 교회에 소개함으로 오늘날 우리
찬송가의 일부가 되었다.

무디와 생키는 가는 곳마다 놀라운 부흥을 일으켰다. 아니, 가는
곳마다 하나님께서 저들을 사용하셔서 놀라운 부흥을 일으키셨다.
무디가 부르심을 받고 헌신한 40년 동안 그는 1억 명에게 복음을
전해서 수백만 명의 영혼이 회심하는 것을 보았다. 부흥사로서
무디의 메시지는 비교적 단순했지만, 항상 복음적이었다. 그의
설교에 나타난 패턴을 '3R'로 요약할 수 있다.

• 죄로 인한 파멸 Ruined by sin
• 그리스도에 의한 구속 Redemption by Christ
• 성령으로 거듭남 Regeneration by the Holy Spirit[4]

그는 인간의 죄를 말했고, 인간을 파멸에서 구원하는 유일한
길은 예수 그리스도뿐임을 증거했다. 또한 오직 성령으로 거듭나야
하는 영의 세계를 말했다. 이렇게 해서 무디는 가는 곳마다 놀라운
회개와 부흥을 일으켰다.

　　무디는 단순한 설교자였다. 그에게 19세기 미국의 프린스턴
신학자 찰스 하지Charles Hodge나 벤저민 워필드Benjamin Warfield에게서
찾아볼 수 있는 깊은 신학적 통찰은 없었지만, 누구와도 비교할
수 없는 남다른 열정이 있었다. 바로 암흑의 바닷속에서 죽어 가는
수많은 영혼을 구원하려는 열정이었다. 외모로 볼 때 무디는
평범했다. 설교할 때 무디는 비즈니스 맨이 입는 신사복 차림이었고,
단상에 오른 그의 태도나 목소리에는 성직자의 준엄함보다 안수받지
않은 평신도의 자유로움이 묻어났다. 집회 장소를 고를 때도 교회가
아닌 강당이나 극장, 심지어 장터까지 활용했다. 일부에서는 그의
집회 인도 방법이 천박하다는 비평이 있었지만, 이런 지적은 모두
쓸데없는 것이었다. 일단 집회가 시작되면 온 회중이 무디의 설교와
생키의 찬양에 매료되었다. 여기에는 분명히 성령의 인도하심이
있었다.

　　신학 교육을 제대로 받지 못한 설교자였지만 누구보다도
성경을 깊이 연구했던 무디는, 비록 자신은 신학교육을 받지
못했어도 다른 이들에게는 성경을 체계적으로 배울 기회를 주고
싶었다. 그는 즉흥적이고 감정적인 전도 집회를 통해서는 말씀의
뿌리를 내리기 어렵고, 체계적인 교육이 필요함을 절감하게 되었다.
무디는 학교를 세울 것을 결심했다. 특히 복음 전도자와 여성
지도자를 위한 훈련을 염두에 두면서 무디성경학교Moody Bible Institute를

시작했다.

　　이 학교의 적임자를 찾던 중 무디는 미니애폴리스에서 신학 연구를 하던 루벤 토레이R. A. Torrey 목사를 소개받고, 이전에 생키에게 그랬던 것처럼 토레이에게 단도직입적으로 도전했다. 이 학교를 맡아 달라는 급작스러운 제안에 토레이는 당황했지만, 무디는 이 일보다 더 중요한 일이 없다며 간청했다. 갑작스러운 제안이었고 생키에게 던졌던 질문처럼 무례함이 있었지만, 토레이 목사는 여기에 하나님의 뜻이 있을 수 있다는 생각이 강하게 들어 3일 만에 무디에게 합류 의사를 전달했다. 미명의 신학교에 훌륭한 책임자가 오게 된 것은 강력한 성령의 역사가 아닐 수 없었다. 토레이 목사의 지도 아래 무디 성경학교는 많은 사역자를 배출했다.

무디가 쓰임 받은 이유는 무엇이었을까?

　　한마디로 무디는 복음에 사로잡힌 사람이었다. 그에게는 미국이나 영국만이 아니라 온 세계가 복음화되는 것이 중요했다. 이런 맥락에서 무디의 복음적 열정이 구한말 조선 선교에까지 영향을 주었다는 사실을 알고 있는 한국 교회 성도가 얼마나 될까? 역사는 분명히 말하고 있다. 만일 무디가 없었다면, 19세기 말 조선 선교는 완전히 다른 모습을 띠었을 테고, 오늘의 한국 교회가 아닌 다른 모습으로 존재하게 되었을 것이다. 무디와 조선 선교를 이어 주는 연결고리는 학생자원운동이다.

　　앞서 언급한 대로, 무디는 1881년 빈곤층 남학생들을 위해 자기

현재 시카고 다운타운에 있는 무디성경학교.

고향인 매사추세츠 노스필드에 마운트허몬학교를 세웠다. 이 학교 캠퍼스에서 1886년에 중요한 대학생 수련회가 열렸다. 전국에서 모인 YMCA 학생 대표자 251명이 두 달 동안 여름 성경대회를 가진 것이다. 이 대회에서 세계 선교를 향한 동력이 나왔고, 참여자 251명 중 100명이 넘는 학생들이 선교사로 헌신하는 놀라운 역사가 있었다. 나머지 학생들은 선교 동원가가 되기로 약속하고 각자의 캠퍼스로 돌아갔는데, 여기서부터 학생자원운동이 시작되었다. 그 결과 전 세계에 2,000명이 넘는 젊은이들이 복음을 들고 나가게 되었다.

이 운동에 영향을 받고 조선에 온 인물 중 대표적인 사람이 토론토 YMCA의 지원을 받고 1888년 내한한 제임스 게일이다. 그가 번역한 《천로역정》을 읽고 청년 길선주가 회심한 것을 우리는 알고 있다. 원산 회개 운동의 주역인 로버트 하디, 평양신학교를 세운 마포삼열

Samuel Moffett, 장대현교회를 섬긴 이길함Graham Lee, 숭실대학교를
창설한 배위량William Baird, 대구에 사과를 소개한 소안론William L. Swallen,
백정의 사도가 된 사무엘 무어S. F. Moore 등이 있다.

　　이 중에서도 특히 마포삼열은 무디의 보수적인 신앙을 한국
교회에 이식시킨 중요한 인물로 평가할 수 있다. 마포삼열의 영향을
받은 평양신학교 출신 지도자 중 가장 대표적인 인물을 꼽으라면
길선주와 이기풍을 들 수 있다. 무디, 마포삼열, 길선주, 이기풍으로
보수적 신앙이 전수되었는데, 그들의 공통점은 말씀 중심의
신앙, 종말론적 신앙(전천년주의), 그리고 구령의 뜨거운 열정으로
정리된다. 무디의 삶이 복음으로 사로잡힌 것처럼, 마포삼열의 삶
역시 복음으로 사로잡혔고, 마포삼열의 영향을 받은 길선주, 이기풍
목사가 복음에 사로잡힌 삶을 살았다. 무디와 가까이하면 놀라운
일이 일어나지 않을 수 없었다. 즉 차든지 뜨겁든지 결정을 내려야지,
미지근한 신앙으로 함께할 수는 없었다. 그를 만난 수많은 사람이
복음에 사로잡혔다. 이것은 결코 우연의 일치가 아니었다.

　　무디를 가까이서 지켜보았던 무디성경학교 초대 교장 토레이
박사는《하나님은 왜 무디를 크게 쓰셨는가Why God Used Moody》라는
책에서 무디의 삶에서 관찰한 일곱 가지 영적 비결을 공개했다.

　　1. 하나님께 완전히 항복한 사람 a Fully Surrendered Man. 무디는
자신을 완전히 하나님께 드린 사람이었다. 완전히 항복한
삶이란 모든 것을 다 드렸다는 말인데, 요즘 이런 삶이 얼마나
가능하겠는가? 무디는 그의 모든 것을 다 하나님께 드렸다고 했다.
모든 것을 다 드렸다는 것은 이제 내가 주장할 것이 아무것도 없다는
뜻이기도 하다.

2. 기도하는 사람 a Man of Prayer. 무디는 열심히 기도했다. 이미 조지 뮬러를 통해 기도의 비밀을 깨달은 무디는 설교자로도 유명했지만, 무디를 가까이 알았던 사람들은 무디가 설교자보다는 기도자로 더 훌륭했다고 회고했다. 무디는 중요한 일을 시작하기 전, 온종일 금식하며 기도하는 것이 예사였다고 한다.

3. 성경을 깊이 공부한 사람 a Deep and Practical Student of the Bible. 무디는 철학이나 수학 같은 세상 학문을 공부해 본 적이 없고, 그렇다고 신학을 공부하지도 않았다. 그는 오직 성경을 철저히 연구하고 깨닫는 데 심혈을 기울였다. 매일 새벽 4시에 일어나 말씀을 보고 연구하는 경건한 삶을 살았다.

4. 겸손한 사람 a Humble Man. 토레이는 그가 만난 사람 중에서 무디가 가장 겸손한 사람이었다고 자신 있게 말했다. 무디는 기회가 될 때마다 자신보다는 다른 강사에게 말씀을 전할 기회를 주었다. 자신은 뒷전으로 하고 항상 다른 이를 세우려고 노력했다. 무디의 명성이 국제적으로 알려졌지만, 그는 항상 겸손함을 잃지 않았다.

5. 돈을 사랑하는 데서 완전히 해방된 사람 His Entire Freedom from the Love of Money. 무디는 많은 돈을 만졌지만, 돈에 매이지는 않았다. 하나님의 일을 위해서는 번 돈을 아낌없이 사용했다. 토레이의 표현이 흥미롭다. 무디의 손에 수백만 달러가 지나갔지만, 모두 다 지나갔지 한 푼도 그의 손가락에 끼지 않았다 Millions of dollars passed into Mr. Moody's hands, but they passed through; they did not stick to his fingers. 자신의 편익을 위해서 쉽게 돈을 사용하지 않았다.

6. 구령의 열정을 가진 사람 His Consuming Passion for the Salvation of the Lost. 무디가 회심하고 난 후 얼마 되지 않아 한 가지 결심한 것이 있다.

시카고에 있는 드와이트무디기념관.

하루 24시간을 넘기기 전에 반드시 한 영혼에게 복음을 전한다는
것이다. 아무리 바빠도 그 원칙을 지켰다. 언젠가 고된 일과를 마치고
침대에 누웠다가 무디는 갑자기 이불을 걷어차고 일어났다. 전도해야
했기 때문이었다. 급하게 밖을 나가보니 비가 내리는 밤이었다.
아무도 없을 것 같은 길거리에 빗속을 급히 지나가는 발걸음 소리가
들렸다. 순간 무디는 우산으로 그 사람 머리를 가리며 "폭풍 속에서
당신이 피할 수 있는 은신처는 어디입니까?"라는 질문으로 복음을
전하기 시작했다. 한번은 전혀 알지 못하는 사람에게 다가가 물었다.

　　"선생님, 예수를 믿으십니까Sir, are you a Christian?" 그러자 돌아온
답은 "당신 일이나 잘하세요Mind your own business"였다. "이건 내
일입니다It is my business"라고 무디가 말하자 "그렇다면, 당신은 무디
선생이겠네요Well, then, you must be Moody"라고 했다고 한다.[5]

　　당시 무디는 '미친 무디'로 시카고에서 알려졌는데, 그는 낮이건
밤이건 누구에게나 전도하며 영혼 구원에 대한 열정이 강했기
때문이다.

　　7. 위로부터 오는 능력을 받은 사람 Definitely Endued with Power from
on High. 무디는 성령의 임재와 능력을 강력하게 체험한 사람이었다.
그래서 성령의 임재를 체험해야 한다고 강조했다. 성령의 능력
없이는 아무도 주의 일을 할 수 없다는 것을 철저하게 깨달았기
때문이다. 무디는 자신을 철저히 주님 손에 맡길 때 주님께서 우리를
사용하신다는 것을 믿었다. 영국 집회 중에 일어난 일이다. 영어를
체계적으로 배우지 못한 무디는 항상 영어 문법에서 고충을 겪었다.
그가 30분 설교를 마치고 강단에서 내려오니까 영문학 교수가
그에게 "무디 선생, 오늘 당신은 30분의 설교 중 45번 문법적 오류를

범했습니다." 하고 말했다. 이에 무디는 "죄송하지만 저는 이렇게
모자라는 영어로 영국에까지 와서 복음을 전하고 있는데, 선생님은
지금 그 완벽한 영어로 무슨 일을 하고 계십니까?"라고 물었다. 그
교수는 부끄러워하는 얼굴로 급히 집회장을 빠져나갔다고 한다. 비록
세상적으로 많은 지식을 쌓은 무디가 아니었지만, 하나님이 그를
사용하신 이유는 오직 한 가지, 위로부터 주시는 능력을 사모했기
때문이다.

　　이렇게 무디의 삶에서 관찰한 일곱 가지 모습을 보며 토레이
목사는 무디가 왜 다른지를 설명했다. 하나님에게 이토록 헌신할
수 있다는 것은 그만큼 복음에 대한 너무나도 뚜렷한 확신이 있었기
때문이다.

무디는 복음에 사로잡힌 사람이었다

　　'헌신하라! 그리고 집중하라Consecrate! Then concentrate'가 무디의
좌우명이었다. 먼저 하나님께 자신을 온전히 드리고, 그러고 나서
하나님께서 원하시는 일에 집중하라는 것이었다. 무디가 이해한
'하나님께서 원하시는 일'은 바로 복음 증거다. 그가 즐겨 사용했던
표현 '내가 행하는 이 한 가지This one thing I do'에서 '이 한 가지'란
바로 복음 전파를 말한다. 무디가 평생 한 모든 일은 결국 '이 한
가지'로 정리된다. "때를 얻든지 못 얻든지 복음을 전하는 일"(딤후
4:2)이다. 그래서 하나님께서는 그를 사용하셔서 당대에 위대한 영적
부흥을 일으키시고 그 부흥의 불길이 미국과 캐나다를 넘어 영국과

스코틀랜드, 그리고 학생자원운동을 통해 심지어는 은둔의 나라
조선에까지 오게 된 것이다.

무디 같은 사람이 우리 가운데 존재한다면 하나님께서는 또 한
번의 영적 대각성 운동을 허락하실 것이라고 본다. 무디처럼 모든
것을 하나님께 드리고 오직 복음 전파를 위해서 살겠다는 확고한
의지가 있는 사람이라면, 하나님은 그런 사람을 통해 또 한 번의
기적을 이루실 것이다. 문제는 우리에게 있다. 우리의 나누어진
마음이 문제다. 복음을 위해 산다고 말하지만, 우리는 세상적 성공과
물질적 풍요를 우선적으로 따르고 있지는 않은지 우리 자신을 향해
날카롭게 질문해야 한다. 무디의 삶에서 반드시 배워야 할 영적 교훈
한 가지를 든다면, 그것은 바로 복음에 온전히 사로잡힌 삶이다.
잃어버린 영혼을 하나님께로 인도하기 위해 복음에 철저히 사로잡힌
삶이다.

무디는 늘 나를 불편하게 했다. 왜 나는 무디처럼 온전히
헌신하지 못하는가 자문하게 했다. 그때마다 무디는 내가 복음에
사로잡힌 삶을 살아야 할 것을 권면해 주었다. 무디의 삶을 보면
볼수록 내가 얼마나 복음에 사로잡힌 삶에서 멀어져 있는지를
가늠하게 한다. 목회하다 보면 비본질적인 것에 얽매이기 쉽다. 나름
분주하게 살며 열심히 주를 섬겼다고는 하지만, 돌아보면 복음의
본질보다는 비본질적인 일에 많은 시간을 허비했음을 확인하게 된다.
비본질적인 것을 추구하는 삶에서 영원히 남는 것은 없다.

나는 종종 무디의 삶을 나의 삶과 비교해 보면서 좀 더 내려놓지
못하는 내 자신을 확인하며 답답할 때가 있다. 무엇이 그렇게
두려워서 주춤하는지, 무엇이 그렇게 불분명해서 확신을 갖지

못하는지! 어차피 죽으면 다 놓고 가야 할 것들인데, 왜 나는 이렇게
영원한 것과 일시적인 것을 구별하지 못하는지 안타까울 때가 있다.
무디의 삶은 나의 삶과 사역에 계속해서 도전으로 다가온다. 주를
위해 더 많은 열매를 맺어야 하는데, 나에게는 무디와 같은 헌신이
부족하다. 그러나 적어도 무디를 바라보면서 내가 어떤 길을
가야 하는지 보여 주어서 감사하다. 나도 무디처럼 복음에
사로잡히기를 기도한다. 나이 들면 들수록 더 사로잡히길 기도한다.

> 내가 복음을 부끄러워하지 아니하노니 이 복음은 모든 믿는 자에게 구원을
>
> 주시는 하나님의 능력이 됨이라 먼저는 유대인에게요 그리고 헬라인에게로다
>
> 롬 1:16

존 로스

JOHN ROSS, 1842-1915

만주 선교사로 파송되어 중국인 전도와
조선 문서 선교에 힘을 쏟았으며,
최초로 성경을 한글로 번역한 사람이다.
맥킨타이어와 함께 중국 선양에서 백홍준, 서상륜을
비롯한 조선인 기독교 지도자들을 양성했다.

존 로스 JOHN ROSS, 1842-1915

1842	7월 6일 스코틀랜드 발린토어 근처 이스터마치에서 태어남.
1865	에든버러에 있는 스코틀랜드 연합장로교단신학교에서
	신학을 시작(1870년 졸업).
1868	교단 선교부 해밀턴 맥길의 도전적 설교를 통해 선교사로 부르심을 확인.
1872	교단 선교사로 임명 및 안수, 스튜어트와 결혼,
	중국 산둥성을 거쳐 만주에 도착.
1873	아내가 아들 드러먼드를 낳고 한 달 후 사망. (이후 이사벨라 맥페디언과 재혼.)
1874	고려문 방문(1차).
1876	만다린 문법책 집필, 고려문 방문(2차)에서 이응찬을 만남.
1877	《조선어 첫걸음》 집필.
1882	누가복음 및 요한복음 번역.
1887	신약 전체를 번역한 로스역 출판,
	조선을 처음 방문하여 새문안교회 창립예배에 참석.
1889	선양에 동관교회 설립.
1910	건강 악화로 귀국,
	에든버러 세계선교사대회에서 만주 및 조선 선교를 세상에 알림.
1915	8월15일 스코틀랜드에서 하나님의 부르심을 받음.

뜻하지 않게
개척자가 된 번역가

깊은 숲속이나 야생 지역을 지나며 뒤에 올 사람을 위해 길을 만드는 사람을 두고 '트레일블레이저trail blazer'라는 표현을 쓴다. 모든 선교지에는 희생하며 어려운 길을 닦아 놓은 누군가가 있어 오늘의 교회로 세워진다. 구한말 우리 한반도에 처음 복음이 들어올 때 그 길을 닦은 사람은 누구일까? 이전에는 언더우드나 아펜젤러의 이름이 먼저 생각났었다. 그런데 몇 년 전부터 존 로스에 대한 글을 읽으면서 그동안 내가 얼마나 무지했었는지 깨달았다. 로스에게는 '최초'라는 수식어가 전혀 어색하지 않다.

• 최초로 우리 민족의 신앙 공동체를 만주 선양에서 시작했으며,

- 최초로 조선인 세례자들이 이 신앙 공동체에서 나왔고,
- 최초로 성경을 한국어로 번역했고,
- 최초로 신약 성경을 완역했고(로스 역본),
- 최초로 훈련된 권서인을 보내어 복음을 전했고,
- 최초로 그의 제자들이 서간도 이양자와 황해도 소래에 교회를 세웠고,
- 최초로 한국어 문법책과 한국 역사책을 집필해서 조선을 서구 사회에 알렸다.

이 정도면 충분히 '조선 선교의 트레일블레이저'라는 단어가 어울리지 않을까? 그런데 더 놀라운 사실이 있다. 존 로스는 이런 일을 하기까지 단 한 번도 조선에 온 적이 없었고,[1] 조선 선교를 위해 파송받은 선교사도 아니었다. 그의 주된 업무는 만주 선교였다. 실제로 그는 만주 선교에 커다란 획을 긋는 업적을 남겼다. 그는 만주 선교에 대한 책을 여러 권 남겼고, 그가 개척한 선양 동관교회는 오늘날 지역에서 대표적인 교회가 되었다. 이렇게 존 로스와 조선 선교의 관계는 처음부터 정해진 바는 아니었지만, 하나님의 강권적인 역사로 이루어지게 되었다. 우리는 존 로스에게 많은 빚을 졌다. 그는 최악의 조건 속에서 심지어 자신을 파송한 선교부와 극심한 갈등까지 일으키면서 본인의 책임 지역이 아닌 조선에 지극정성으로 복음이 들어가도록 길을 닦은 사람이다. 은둔의 나라 조선을 복음화하겠다는 그의 노력과 열정을 조금이나마 이해하고 기억하는 것이 우리의 도리가 아닐까. 이를 위해 먼저 만주에 대해 이야기를 나누려 한다.

만주에 도착하다

만주에 최초로 복음을 전한 사람은 윌리엄 번즈이다. 맥체인 성경 읽기표로 우리에게 익숙한 로버트 맥체인 목사와 함께 스코틀랜드의 '1839년 부흥'을 주도했던 인물이다. 그는 스코틀랜드, 아일랜드, 영국, 캐나다 등지에서 부흥사로 일하던 중 1847년에 중국 선교사로 파송받았다. 처음에는 스코틀랜드 자유교회의 파송을 받기 원했지만, 자금 사정으로 인해 영국 장로교회의 파송을 받고 떠났다. 윌리엄 번즈의 사역은 '선구자적'이었다. 사도 바울처럼 그는 "그리스도의 이름을 부르는 곳에는 복음을 전하지 않기를 힘썼다"(롬 15:20). 1847년 12월, 홍콩에 도착해서 중국 남부에서 사역을 시작했다. 점점 북쪽으로 사역지를 옮겨 가며 복음을 전했는데, 첫 7년 동안 한 사람의 회심자도 얻지 못했다. 안식년을 마치고 중국으로 돌아와서는 상하이에서는 20대 청년 선교사 허드슨 테일러를 만나 그의 멘토가 되어 함께 현지인 복장으로 내륙 지방을 다니며 전도하였다. 이어서 베이징에서는 4년 동안 사역하였는데, 이곳에는 충분한 숫자의 선교사가 있다는 판단 아래 또 다른 도전을 감행한다. 산둥성에서 사역하던 스코틀랜드 성서공회 책임자 알렉산더 윌리엄슨Alexander Williamson, 1829-1890과 함께 만주 지역을 여행한 후, 그곳에 가기로 결심한다. 그러나 만주의 사역이 6개월도 채 되지 않아 중병으로 사망하고 만다. 중국에 온 지 만 20년이 지난 1868년의 일이었다. 외롭게 만주 땅에 묻힌 번즈는 곧 잊힌 사람이 되었지만, 윌리엄슨만큼은 그를 기억하고 있었다. 5년 후 번즈의 뒤를 이어 만주에 로스를 보낸 이가 바로 윌리엄슨이다. 번즈와 존

로스가 서로 만난 적은 없지만 존 로스의 가슴에 번즈의 불을 지핀
사람은 알렉산더 윌리엄슨이다.[2] 이야기가 더 깊어지기 전에 먼저 존
로스에 대해 먼저 알아보자.

　　1842년 존 로스는 스코틀랜드 북동쪽 모레이만the Moray Firth
발린토어 옆에 위치한 작은 어촌 이스터마치에서 태어났다.
아버지는 재단사였고 어머니는 초등학교 교사였으므로 비교적
안정된 가정에서 자랐다. 어린 존의 첫 언어는 게일어였고 학교에
가서는 영어를 배웠다. 아마도 그의 언어적 탁월성이 이중언어를
사용해야 하는 어린 시절부터 시작되지 않았을까 생각한다.[3] 결국
그는 성경에 나오는 고전 언어뿐 아니라 유럽의 언어들과 중국어,
만주어, 한국어까지 구사하는 천재적인 언어 실력을 갖추게 된다.
그는 신학교에서 수학하던 중 스코틀랜드 연합장로교단 해외선교부
총무로부터 도전을 받고 선교사가 되기로 작정한다. 1872년에는
로스에게 세 가지 중요한 일이 한 달 안에 일어났다. 첫째, 교단
선교사로 임명받았고, 둘째, 목사 안수를 받았고, 그리고 셋째로
스튜어트 양M. A. Stewart과 결혼하게 되었다. 그때가 1872년 봄이었다.
그해 8월, 존과 아내 스튜어트는 4개월의 항해를 거쳐 중국 산둥성에
도착한다. 30세의 나이에 중국 선교를 시작한 것이다. 도착한 지
한 달이 채 되지 않아 현지 책임자 알렉산더 윌리엄슨 선교사는
로스에게 만주를 소개하며, 복음이 절실히 필요한 그곳에 갈 것을
강력히 권한다. 겨울이 오면 보하이(보해) 바다가 얼기 때문에 서둘러
가야 할 것을 강조하며 로스 부부를 만주의 관문이자 개항도시인
잉커우(영구)로 보낸다. 만주를 생각하며 윌리엄슨은 동역자 번즈
목사가 5년 전 그 땅에 묻혔던 것을 생생하게 기억했을 것이다. 그뿐

아니라 그는 로스에게 로버트 토머스 선교사가 6년 전(1866년) 조선에
복음을 전하려다 대동강에서 순교한 내용을 전하며 조선 선교의
필요성도 설명했다.

　　만주에 도착한 로스 부부는 첫 겨울을 나기도 전 큰 비극을
만난다. 아내가 1873년 2월 말 아들 드러먼드Drummond를 낳고 한 달
후에 세상을 떠난 것이다. 부부는 영하 25도 이하로 내려가는 만주의
혹독한 겨울을 이기지 못하여 산후조리에 실패하고 말았다. 로스는
만주에 도착한 지 불과 몇 개월 만에, 그리고 결혼한 지 1년도 안 되어
아내를 만주 땅에 묻어야 했다. 번즈 목사의 무덤 옆에 서구인 또 한
명이 묻혔다. 핏덩이 아들을 두고 먼저 가는 아내를 생각하며 얼마나
힘들었을까? 나는 종종 존 로스가 겪은 고난과 희생에 대해 우리
교회 성도들과 나누며 이런 질문을 한다. "만일 이 순간 여러분이
존 로스였다면 어떻게 하시겠습니까? 아내의 시신을 차디찬
만주 땅에 묻고, 이제 한 달 된 아들을 가슴에 안고는 무슨 생각을
하시겠습니까? 세 가지 중 하나를 선택해 보십시오."

- 첫째, 방문을 걸어 잠그고 하나님 앞에서 대성통곡을 한다. 아내를
  그리워하며 하나님께 하소연한다. "하나님, 나는 어떻게 살라고, 내
  아들은 어떻게 하라고 이렇게 하십니까?" 하고 하나님께 나의 답답한
  마음을 토로한다.
- 둘째, 하루 빨리 슬픈 감정을 자제하고 이성을 되찾으려 한다. 지금
  나는 선교사가 아닌가? 어차피 나의 생명을 주님께 드린다고 하지
  않았는가? 하나님께서 나를 이 땅에 보내신 것은 복음을 전하기
  위해서 아닌가? 힘들지만 나는 아들을 유모에게 맡기고 내가 갈 길을

계속 가야 한다. 지금 내가 전념해야 할 것은 중국어 습득이다.
- 셋째, 일단 갓 난 아들을 데리고 스코틀랜드로 돌아간다. 아들이 클 때까지 몇 년 기다리면서 재혼할 상대를 찾는다. 다시 부부로 중국으로 돌아가기 위해서다.

  조금 생각할 시간을 주고 나서, 거수하게 한다. 결과는 놀랍다. 제일 많은 수의 성도가 두 번째를 선택한다. 목회자인 나는 세 번째 옵션이 더 현실적이라고 생각하는데, 성도들은 오히려 나보다도 사명감이 넘치는 것 같다. 물론 로스가 선택한 옵션은 두 번째였다. 일단 그는 갓난아기를 중국인 유모에게 맡기고 언어와 문화 습득에 몰입했다. 어떤 이는 아내의 죽음을 속히 잊기 위해서였다고 하는데, 그보다는 사명감에 불탔기 때문이라고 보는 것이 맞을 듯하다.
  복음을 전하기 위해 그 먼 스코틀랜드에서 중국 꼭대기에 있는 만주까지 와서, 아리따운 아내를 먼저 얼어붙은 땅에 묻는 그 심정은 어땠을까? 이렇게까지 복음을 위해 대가를 치러야 하나? 극한 슬픔을 이겨 내며 복음의 진보를 위해 한 치도 뒤로 물러서지 않고 묵묵히 언어 공부에 올인했던 로스를 생각해 본다.
  복음을 위한 그의 집중력은 정말 대단했다. 한번 생각해 보자. 그가 잉커우항에 도착한 것은 1872년 10월이었고, 첫 겨울을 나면서 사서삼경을 읽기 시작했다. 이듬해인 5월 11일 주일, 로스는 20분이 넘는 설교를 중국 만다린어로 했다. 그리고 놀랍게도 그사이에는 첫아이의 탄생과 아내의 죽음이 있었다. 나도 선교사로서 언어 공부에 집중해 본 적이 있다. 필리핀에서 첫 6개월 동안 타갈로그어를 배우기 위해 다른 일은 하지 않았다. 그런데 좀처럼 진도가 나가지 못해 안타까웠다. 만일 6개월 후에 나더러 20분 넘게 타갈로그어로 설교하라면 고개를 절레절레 흔들며 피했을 것이다. 6개월 만에 설교한다는 것은 말할 수 없는 노력이 있어야만 가능하다. 특히 지금처럼 중국어 문법책이나 사전의 도움도 쉽게 받지 못했던 상황을 고려하면 정말 대단한 결과였다.

만다린어 실력이 늘자 그는 곧 만주어도 배우기 시작했다. 그리고 이어서 조선어를 배웠다! 감사하게도 도움을 요청한 누이동생이 스코틀랜드에서 와서 아들 드러먼드를 맡길 수 있었다. 누이동생은 그의 동역자인 존 매킨타이어John McIntyre, 1837-1905와 결혼했고, 로스와 매킨타이어는 처남-매제 팀으로 만주를 섬기게 되었다.

조선 선교를 시작하다

1874년 가을, 로스는 기다렸던 조선 선교를 시작한다. 조선인을 만나기 위해 고려문Corea Gate을 찾아간 것이다. 그 당시 의주에서 120리 북쪽으로 봉황산 근처에 있던 고려문은 중국과 조선을 이어주는 관문이었다. 대원군의 쇄국정책으로 조선은 외부로부터 철저히 봉쇄되었고, 1년에 네 차례 정해진 기간에만 고려문 출입이 가능했다. 로스는 고려문에 가면 장사하기 위해 찾아오는 조선인을 만날 수 있다는 기대를 안고 갔다. 그러나 조선인 입장에서 로스 같은 외국인을 만나 친분을 맺는다는 것은 위험천만한 행위였다. 본인뿐 아니라 온 집안이 해를 당할 수 있었기 때문이다.

1880년대 중반의 로스 가족.

　　여기서 우리는 잠시 천주교가 조선에 들어오면서 겪은 핍박을
기억해야 한다. 왜냐하면 로스의 조선 선교는 봉쇄된 분위기
속에서 이루어졌기 때문이다. 천주교의 시작은 한마디로 험난했다.
정약용의 매제인 이승훈은 서양 문명을 속히 받아들여야 나라가
개화된다는 생각으로 1783년 베이징 유학을 하던 중 천주교
교리를 접한다. 이듬해 예수회 신부 그라몽으로부터 영세를 받고
한국인으로는 첫 영세자가 된다. 조선으로 돌아온 이승훈은 현
명동성당 자리에 위치했던 친구 김범우의 집에서 천주교 교리
강습을 연다. 생각보다 많은 이가 천주교에 몰입하자 조정은 탄압을
시작한다. 결국 집주인 김범우는 첫 순교자가 되었고, 영세자
이승훈은 지속되는 고문을 견디다 못해 배교하고 만다. 얼마 뒤 그는
죽음 앞에서 변심했던 자신의 죄를 곧 뉘우치고 교회로 돌아오지만,
이것도 잠시뿐, 결국 회개와 배교를 반복하다가 1801년 신유박해 때
참수형을 당한다.

　　첫 영세자 이승훈에 이어 첫 사제 김대건 신부(1821-1846)도
순교했다. 어린 시절 김대건은 마카오로 보내져 힘든 사제 과정을
마치고 서품을 받는데, 성직자로서 제대로 꽃을 피우지도 못하고
25세의 젊은 나이에 새남터에서 목 베임을 당했다. 그의 참수형을
집행했던 관리는 목을 베기에는 너무나 아까운 김대건 신부의
외국어 실력을 보면서 마음에 심한 갈등이 일어났다고 한다.
김대건은 할아버지 김진후와 아버지 김제준의 뒤를 이어 3대째
순교하는 명예스러운 역사의 한 페이지를 장식한다. 병오교난(1846년)
때의 일이다. 지금도 마포구 합정동에 가면 한강이 바라다보이는
천주교 성지가 있다. 그 안에는 성 김대건 안드레아 신부의 커다란

동상이 세워져 있다. 수많은 신도가 목 베임을 당한 장소라서 그곳을
절두산이라고 부른다.

   천주교는 계속해서 환난을 겪었다. 특히 조상 제사를 철저히
금했기 때문에 무군무부의 종교라는 낙인이 찍혔다. 대원군이
주도한 병인박해(1866-1871)로 8,000명 이상이 순교하는 대규모
희생이 있었다. 비슷한 시기에 개신교 순교자도 나왔다. 웨일스의
로버트 토머스가 대동강변에서 병졸 박춘권의 칼에 찔려 살해된
것이다. 미국 상선 제네럴 셔먼General Sherman호에 몸을 싣고 조선에
성경을 배포하려고 입국하던 토머스는 아쉽게도 27세의 짧은 나이로
삶을 마쳤다. 로스가 중국에 도착해서 얼마 후 아내를 잃었던 것처럼
토머스 역시 중국에 도착한 지 불과 3개월 만에 유산 후 감염으로
아내를 잃었다. 조선 선교는 절대 만만치 않았다. 오직 하나님의
인도하심만을 구할 뿐이었다.

   1874년 10월의 화창한 날, 로스와 한국인들의 첫 만남이
있었다. 고려문을 드나드는 한국인 관료, 상인, 하인들은 어느 정도
만다린어를 했기 때문에 로스와 소통이 가능했다. 그러나 조선의
역사, 정치, 언어 등에 관해 더 자세히 묻기 시작하자, 더 이상의
대화를 원치 않는 한국인들을 보며 로스는 실망한다.

   일단 한국인들을 사귀면서 내가 그들의 나라, 기관, 법, 풍습, 언어
   등에 대한 관심을 표명하자, 그들은 마치 귀머거리들처럼 변했다 …
   이번 여행이 한순간 수포로 돌아가는 듯했지만, 한 가지 고려문을
   떠나기 전에 얻은 것이 있다면 중국인을 통해 엄청난 가격을 주고
   구입한 조선의 오래된 역사소설들이었다. 나는 이 책들을 지금까지도

귀하게 사용하고 있다. 그때부터 나는 한국 백성들과 그들의 언어를 배우기로 결심했다. 물론 그 당시 어떤 돈을 주고서도 한국인을 나의 언어 교사가 되도록 유혹한다는 것은 불가능했지만.**4**

로스는 첫 번째 고려문 방문을 통해 적어도 두 가지를 얻었다. 하나는 조선의 역사 소설을 구매하면서 조선의 문화와 언어에 대한 깊은 관심을 두게 된 것이고, 또 하나는 한국인들에게 한자 성경을 나누어 준 것이다. 그중 한 사람이 한밤중에 그가 머물던 여인숙을 찾아온 백씨였다. 백씨와 밤이 새도록 대화한 후 로스는 그에게 성경을 건네주었는데, 의주로 돌아온 백씨는 그 성경을 아들 백홍준에게 읽게 했다. 백홍준은 나중에 예수를 믿고 성경 번역팀의 중요한 멤버가 된다.

1876년 로스는 고려문을 두 번째 방문한다. 한글을 가르쳐 줄 교사를 찾기 위해서였다. 그러나 서양인과 어떠한 교류도 위험했기 때문에 자원하는 한글 교사를 찾는다는 것은 거의 불가능했다. 이런 가운데 하나님의 놀라운 역사가 일어났다. 의주 출신 인삼 장사 이응찬이 중국에 팔 인삼을 가득 싣고 압록강을 건너다가 거센 풍랑을 만나 배가 뒤집히는 운명을 맞은 것이다. 한순간 인삼이 다 물에 잠겨 전 재산을 잃었고 하마터면 목숨까지도 잃을 뻔했다. 간신히 목숨을 건지고 나니, 앞으로 어떻게 가족을 부양할지 앞이 캄캄했다. 이응찬에 대해 로스는 이렇게 적었다.

폭풍 맞은 배는 뒤집히고, 모든 물건은 물속에 빠졌다. 그는 안전하게 강을 건넜지만, 곧 자신은 망했음을 깨달았다. "땅을 파먹고 살 수도

없고, 빌어먹자니 창피하다." 그는 이렇게 말하며, 한글 교사를
찾아보라고 보낸 나의 도우미를 다급히 찾아왔다.[5]

　　거지 신세가 된 이응찬을 로스는 반갑게 맞아주었다. 두 달
치 월급을 주고 그를 한글 교사로 삼는 데 성공한 것이다. 이응찬이
풍랑을 만난 것은 전적으로 하나님의 섭리였다. 생계를 확보할 수
있는 길이 열렸지만, 이승찬의 얼굴에는 두려움과 공포가 역력했다.
이응찬은 약속을 어기고 도망간다. 얼마나 두려웠으면 그랬을까?
자칫하면 자신의 목이 달아나고 온 집안이 감옥에 가겠다고 상상한
것이다. 그러나 이응찬은 스스로 돌아왔다. 그리고 로스에게 한글을
가르치기 시작했다. 로스는 엄청난 진보를 보였고, 다음 해인
1877년에 《조선어 첫걸음Corean Primer》을 저술할 정도였다.

　　1879년은 한국 기독교 역사에서 중요한 해이다. 처음으로 만주
심양에 한국인 신앙 공동체가 세워졌고, 이름이 기록되지 않은 첫
한국인의 세례식이 있었다. 이어서 안식년으로 로스가 부재중일 때
백홍준, 이응찬, 이성화, 김진기가 맥킨타이어 선교사에게 세례를
받았다. 영원히 기록에 남을 최초의 한국인 개신교 세례자들이다.
이는 언더우드와 아펜젤러가 공식적으로 들어오기 6년 전의
일이었다. 대원군은 복음의 입국을 막으려고 철저히 나라를
봉쇄했지만, 하나님은 사람들을 나라 밖으로 불러내셔서 만주
땅에서 세례받게 하신 것이다. 이들은 홍삼을 파는 장사꾼이었지만,
집안 내력으로 볼 때는 꽤나 지각이 있는 사람들이었다. 그들은
다만 불운하게 정치적 이유로 집안의 몰락을 경험하였을 뿐, 언제나
나라가 올바로 서기를 바랐다.

그 후에 세례를 받은 서상륜 역시 홍삼 장사를 하는 사람이었다. 그는 잉커우에 와서 홍삼을 팔다가 장티푸스에 걸려 사경을 헤매게 된다. 시간을 다투는 긴박한 상황에서, 맥킨타이어는 그를 잉커우 병원의 헌터 선교사에게 데려와 치료를 받게 했다. 지극한 정성으로 2주간 서상륜의 곁을 떠나지 않고 생명을 건져 준 맥킨타이어 선교사의 사랑에 감동한 서상륜은 "내가 일어나면 당신이 믿는 하나님을 믿겠소"라고 했다. 실제로 그는 다음 해에 백홍준의 전도를 받고 예수를 믿기로 작정한다. 서상륜 또한 이응찬과 함께 로스 선교사를 도와 1887년 로스 역 성경이 나오는 데 큰 공헌을 세웠다.

조선 선교의 초석을 놓다

조선 선교를 위해 로스가 이룬 구체적인 업적을 정리해 보자.

첫째, 그는 선양에 선교 기지를 세우고 소중한 영적 지도자들을 배출했다. 로스는 매제 맥킨타이어 선교사와 함께 선양에서 조선 사람들을 위한 첫 신앙 공동체를 세웠다. 선양의 선교 기지를 중심으로 지속적인 훈련을 시켜 백홍준, 이응찬, 서상륜, 김청송과 같은 걸출한 인물들을 구령의 사도로 만들었다.

• 백홍준 — 한국 교회의 사도라고 불린다. 성경 번역을 함께했고, 성경을 배포하며 그의 고향인 의주에서 국내 최초의 신앙공동체를 설립했다. 한국 최초의 유급 교역자였으며, 서상륜을 전도하고, 평양신학교 첫 졸업생 7인 중 하나인 한석진을 전도했다. 마포삼열

선교사와 게일 선교사의 순회 전도집회를 주선했다는 명목으로
체포되어 심한 고문을 받았다. 그는 일찍 병사했다.

- 이응찬 ─ 조선과 중국을 오가며 무역을 하던 청년이었다. 평안도
  의주 출신인 그가 압록강을 건너다 배가 전복되어 싣고 있던 물품을 다
  잃었다. 살 길이 없어 생계를 위한 일을 찾던 중 큰 위험 부담을 안고
  로스의 최초 언어 교사가 되고, 로스의《조선어 첫걸음》을 집필하는
  데 큰 도움을 준다. 그는 최초로 성경 번역을 위한 조력자가 되었고, 이
  일을 통해 예수를 믿고 전도자가 되었다.

- 서상륜 ─ 홍삼을 팔러 만주에 갔다가 장티푸스로 사경을 헤맬 때,
  맥킨타이어의 도움으로 살아났다. 그는 백홍준의 전도를 받았다.
  평양신학교 첫 졸업생 중 하나인 동생 서경조와 함께 당숙이 사는
  황해도 소래마을을 전도해 소래교회를 세웠다. 권서인으로 임명되어
  성경을 배포했고, 마포삼열과 배위량 선교사를 도와 전국을 다니며
  복음을 전했다. 특히 서울에서 전도 활동을 하였다. 그와 백홍준이
  전도한 성도들은 한국 장로교 역사상 첫 조직교회인 새문안교회의
  개척 멤버가 되었다. 창립 교인 14명 중 무려 13명이 그들이 전도한
  사람들이었다.

- 김청송 ─ 약장수였으나 돈이 떨어져 선양에서 존 로스의 식자공(활자
  하나하나를 조판에 넣은 작업공)으로 일을 했다. 누가복음 조판 작업을
  하면서 말씀에 심취하여 예수를 믿게 되었다. 고향인 지안(집안)현을
  중심으로 간도 지방을 전도해서 많은 회심자를 낳았고, 로스와
  웹스터 선교사가 세례를 주었다. 우리 민족의 첫 번째 교회인 서간도
  이양자교회를 세웠다.

이들은 모두 뛰어난 전도인들이었다. 약을 팔고 홍삼을 팔기
위해 강을 건너고 산을 넘던 이들이 이제는 하나님 말씀을 전하기
위해 사방으로 흩어지는 사람들이 되었다. 아펜젤러와 언더우드
선교사가 입국하기 전, 이미 로스와 맥킨타이어 선교사의 훈련을
받은 전도자들은 '한인촌Korean Valleys'으로 알려진 간도와 의주, 그리고
황해도 소래 지역에 사는 수천 명에게 복음을 전하고 신앙 공동체를
형성해 나갔다. 존 로스는 이렇게 조선인 전도자들을 세움으로써
한민족의 복음화는 스스로 해야 한다는 것을 가르쳤다. 이것은 그가
이미 만주인들을 향해 세웠던 전략과도 일치한다.

둘째, 한국어와 문화를 철저히 연구함으로 한국 선교의 길을
열었다. 앞서 말한 대로 로스는 한글을 배운 지 3년 만인 1877년,
89쪽으로 된 한국어 문법과 회화 교재《조선어 첫걸음》을 출판했다.
외국인에 의해 쓰인 첫 번째 한국어 문법과 회화법 연구였다.
전해에는 만다린어 입문 교재를 출판했으니 대단한 사람이었다.
로스가 중국어나 한국어 문법책을 만든 것은 자신을 위해서가 아니라
다음에 올 선교사들을 위해서였다. 그의 몸속에는 트레일블레이저의
피가 흐르고 있었다. 로스는 위에서 아래, 오른쪽에서 왼쪽으로
나열된 한글을 서양인의 눈에 익숙하게 왼쪽에서 오른쪽으로
평행하게 읽도록 배치했다. 또한 한글의 띄어쓰기를 시작했다.

나 조선 말 배우고자 한다

너 나를 선생 대접하겠느냐?

나 대접 하겠다

얼마나 주겠나?

한 달에 너냥
좋은 선생은 마땅히 대국말을 아니가
조선말 배우기 쉽다 (《조선어 첫걸음》1장)

　1887년 한국을 방문하기 전까지는 조선을 직접 보지 못했던
그가 한국의 역사와 문화에 대해 방대한 책을 썼다는 점을 깊이
생각해 보자. 그 당시 조선에 들어간다는 것은 위험한 일이었다.
그렇지만 누군가는 이 민족에 대해 조사하고 다음에 올 선교사를
위해 준비 작업을 해야 한다는 사명이 있었다.
　로스가 한국에 대해 알 수 있는 길은 책이었다. 그래서 400권에
달하는 한자로 된 책들을 읽으며《한국사*the History of Corea*》를 저술하게
된다. 이 책에서 로스는 한국이 미개한 나라가 아니라, 수천 년의
역사와 문화를 가진 나라라고 소개한다. 안식년이었던 1880년에
런던에서 출판된 이 책은 그 당시 서양인들에게는 한국에 대한
유일한 정보였으며, 곧 대학에서 교과서로 사용되었다. 로스는
서론에 이어 조선, 선비족, 연왕, 고구려, 신라, 거란, 여진족, 조선의
관습, 종교, 정부, 조선어, 지리 등 총 14장의 두꺼운 책을 썼다. 그는
한국어와 한국 역사 및 문화를 연구하여 다음에 올 선교사들의
디딤돌이 되고 싶었다. 당시 그가 조선 선교를 위해 할 수 있는
최선이 문서 선교라고 본 것이다.
　반면 로스의 이러한 문서 선교는 그를 파송한 선교부와 갈등을
초래했고, 때로는 그의 선교에 불만을 품은 선교부 간부들로부터
혹독한 질책을 받아야 했다. 왜 만주인들의 복음화를 위해 파송받은
선교사가 본인의 관할이 아닌 조선 선교를 위해 그렇게 많은 시간과

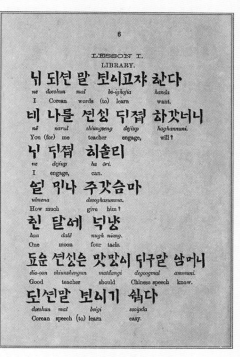

로스가 펴낸 《조선어 첫걸음》 1장.

노력을 투자하느냐는 것이었다. 그러나 로스는 조선 선교야말로
자신이 해야 할 일이라 보았고, 하나님께서 그에게 맡기신 사명 중의
하나라고 굳게 믿었다.

셋째, 한글 성경 번역을 통해 복음이 사회 계층의 모든 사람에게
전파되도록 했다. 로스 선교사의 가장 위대한 업적은 성경을
한국어로 번역했다는 것이다. 한문을 모르는 일반인들이 복음을
듣기 위해서는 반드시 한글 성경이 필요하다는 것을 직감했다.
복음은 모든 사람의 것이어야 한다는 마음이 강하게 들어온 것이다.
그래서 로스는 자신이 먼저 한글을 배우고, 한글 성경 번역을 도와줄
사람들을 찾았다. 선양에 모인 청년들은 로스를 도와 성경 번역에
심혈을 기울였다. 이들은 처음부터 직접 번역과 출판에 참여했기
때문에 나중에 성경이 나왔을 때 여러 지역을 순회하며 성경책을
유포하는 일을 생명처럼 귀하게 여겼다.

1882년, 누가복음과 요한복음이 각각 3,000권씩 출판되었다.
영국성서공회British Foreign Bible Society에 의해 출간된 이 책은
1883년부터 1866년 사이에 서상륜과 이응찬 등의 권서인에
의해 배포되었는데, 그 수는 1만 7,000부가 넘는다.[6] 1887년에는
신약 전체가 완역되는 획기적인 역사가 이루어진다. 비록 평안도
사투리가 심하지만, 로스 역본Ross Version은 최초의 번역된 한글 신약
성경이다. 숭실대학교 기독교 박물관에 가면 볼 수 있다.

로스가 성경 번역을 한 장소는 지금까지도 남아 있는데, 바로
선양 동관교회다. 동관교회는 로스 선교사가 개척한 교회로서
오늘까지도 건실하게 존재한다.

로스의 한글 성경 번역에서 한 가지 우리가 꼭 알아야 할

부분이 있다. 성경 번역가들이 공통으로 고심하는 문제 중 하나는
'신'이란 단어를 어떻게 번역하는가이다. 절대적 신의 존재를
어떻게 전할지는 고민거리가 아닐 수 없다. 다신을 믿는 문화에서는
하나님을 대치할 적합한 단어가 떠오르지 않는다. 또한 설령
유일신이라 해도 무슬림들이 믿는 '알라'처럼 성경의 하나님과 크게
다르다면 '알라'라는 이름을 하나님으로 사용할 수는 없다.

　　예수회 신부 프란치스코 하비에르Francisco Javier, 1506-1552가 1549년
일본의 남단 항구도시 가고시마에 도착해서 일본 선교를 시작할
때도 이 문제에 부딪혔다. "당신의 신을 무엇이라고 부릅니까?"라는
질문에 "우리는 다이니치를 믿습니다"라는 답을 받았다. 그때부터
신부들은 다이니치의 사랑을 전했는데, 일본어와 일본 문화에
익숙해지고 나서 보니까 그동안 심각한 오류를 범했음을 깨달았다.
'다이니치'는 절대 신이 아니라 일본의 다신들 중에서 중간 정도의
서열밖에 되지 않는 신이었다. 그들은 그동안 그릇된 신관을 심어
주었다는 자책으로 오랜 기간 힘들어했다. 그래서 예수회가 마테오
리치Matteo Ricci, 1552-1610를 중국에 보낼 때는 일본에서 자행한 실수를
범하지 않도록 우선 중국 문화를 섭렵할 것을 주문했다. 마태오
리치가 중국 문헌에 천주(天主)라는 개념이 있는 것을 발견하고
하나님을 천주로 부르기 시작했다. 그래서 이승훈은 베이징에서
전수받은 '천주교'를 조선에 수입했다.

　　로스는 한글로 성경을 번역하는 과정에서 '하느님'이란
용어를 사용했다. 여기서 우리는 로스 선교사에게 큰 빚을
졌다. 한문 성경에 나오는 천주와 상제 대신 우리에게 맞는
하느님(하나님)을 선물한 것이다. '하느님'이 사용된 첫 복음서는

《예수셩교누가복음젼셔》(1882)다.

이 번역에 대해 대한성서공회는 이렇게 설명하고 있다.

> 이 번역에서 신명 번역으로는 '하늘'과 '님'에서 찾은 말로 '하느님'
> 또는 '하나님'을 처음으로 사용하였다. 중국어 번역은 주로 상제(上帝)
> 또는 신(神)으로 번역하고 있다. 로스는 이렇게 기록했다. "한국인에게
> 'heaven'은 '하늘'[hanal]이고, 'Lord' 혹은 'prince'는 '님'[nim]이다.
> 'hananim'은 어느 곳에서든 위에서 다스리시는 분이고, 지상에서
> 가장 높은 분이라고 조선인들이 알고 있는 낱말이다." 이 번역을
> 위하여 스코틀랜드 성서공회와 영국 성서공회가 경비를 지원하였고,
> 스코틀랜드 교회들도 지원을 해주었다. 《예수셩교젼셔》를
> 통해서 한국 사람에게 복음이 전해졌고, 한국에 교회가 시작되었다.[7]

로스가 1882년까지는 '하느님'을 사용했지만, 1883년
이후부터는 '하나님'으로 바꾸었다. 발음상 더 적절하고, 유일신
개념을 더 분명히 할 수 있기 때문이었다.

조선 선교의 아버지가 되다

존 로스 선교사는 위대한 개척자였다. 매제 맥킨타이어
선교사와 함께 한국인 최초의 신앙 공동체를 세웠으며,
외국인으로서 한국어 문법을 연구하여 발표했다. 그는 '은둔의 나라'
조선에 대한 기록을 샅샅이 찾아서 한국사를 저술했고, 신약성경을

번역했다. 이 모든 업적에 '최초'라는 중요한 형용사를 붙여야 한다.
그렇다. 그는 누구도 시작하지 않았던 일들을 해냈다.

정말 놀라운 사실은 그의 본 업무가 조선 선교가 아니었다는
점이다. 그는 만주의 복음화를 위해 파송된 사람이었다. 로스가
만주 복음화를 위해 일했던 기록도 남아 있다. 만주에 도착한
다음 해(1873년)에 복음을 전한 왕징밍은 로스에게 잊을 수 없는
사람이었다. 극심한 아편중독으로 삶의 소망을 잃었던 사람이
그리스도 안에서 자유함을 누리게 되었고, 왕씨는 결국 첫 세례자,
첫 전도자, 첫 장로로 로스의 만주 선교에 오른팔이 된다. 왕씨에
대한 기록은 로스의 책《만주의 첫 전도자 왕 씨 *Old Wang: the First Chinese
Evangelist in Manchuria*》(1889)에 자세히 나와 있다. 또한 만주 선교에
어떻게 접근 했는지에 대해 적은《만주 선교 방법론 *Mission Methods in
Manchuria*》(1903)에서 우리는 그가 세례를 주기 전에 얼마나 강력한
회개의 열매를 요구했는지, 그리고 현지인을 사역자로 세우기
위해 얼마나 철저히 그들을 훈련시켰는지를 볼 수 있다. 이렇게
로스에게는 분명히 만주 선교가 우선이었다.

하지만 로스는 은둔의 나라 조선에도 깊은 관심을 가졌다.
비록 조선의 쇄국정책으로 굳게 문이 닫혀 있었지만, 만주를
드나드는 조선인들을 훈련시켜 파송하는 전략을 세웠다. 요즘 말로
디아스포라 선교다.

로스는 이 과정에서 이미 언급한 대로 자신을 파송한 선교부와
심한 갈등을 빚었고, 한때는 선교부를 사임할 생각까지 했다. 그러나
그는 하나님께서 주시는 마음의 확신을 따라 자신이 해야 할 일을
성실히 감당했다. 당연히 선교부에서는 한글 성경 출판에 필요한

디기열이사름이 부슐율이 우리가운데 일우일을고 슯흠되쳐움으로

붓니친이보끄도 불변호변쟈 우리죵준빈갓터호엿기로 뇌닷호여

모둔닐을자세이근원을좃차 추례토씨귀인뎌 오비노의존전에 앙뫌

호문긔인불니 보인비의실졍을알게호미라유되왓셔 른셔름당호여

아비야자손의반녈에 제사일음온사가라요 그쳇누이 린의후예일음

온이니 사빅이니두사름이하느님의 암페셔올윤쟈 라쥬의 게명

파베률좃차힝호여흠이업스되다못 아들이업스문이니 사빅이이틴

못호꼬누사름의나이 또한늘그미라마즘 사가라랏그(뺄)녈을의지호여

제사의직분을호느님의 암페힝호꼬제사이 규레률좃차제비룰어

더쥬의 뎐에들어가분향호니 씨여믓빅셩온밧게셔비더니 쥬의

샤쟈가랴의게보이 꼬햐단옳윤건에셔거늘사가랴 보꼬황망호여

무셔워호니사쟈닐걷으뒤 사가랴는무셔워말나 너의비년거시이

두돌텨시니너의체이니 사빅이쟝차아들을나 아너를주리니일음을

로스가 우리말로 옮긴 누가복음 표지(오른쪽)와 내지(왼쪽).

자금을 도와줄 리 없었다. 그는 사방으로 출판을 위한 모금 운동을
하며 은둔의 나라가 복음화 되도록 고군분투하였다. 만일 로스의
희생이 없었다면, 우리 민족은 아펜젤러와 언더우드가 1885년
제물포를 통해 입국할 때까지 적어도 10년에 이르는 골든타임을
놓칠 뻔했다. 감사하게도 로스의 헌신으로 한국 선교는 앞당겨졌고,
복음 전파가 비교적 자유로웠던 간도 지방에서 시작되어 거기서
가까운 서북 지방(평안남북도와 황해도)에 이르기까지 복음이 빨리
들어갈 수 있게 되었다.

로스는 서상륜과 백홍준의 거듭되는 요청으로 조선 방문을
결단한다. 그의 일생의 처음이자 마지막이었다. 때는 1887년 9월
27일, 새문안교회가 창립 예배를 드린다는 소식을 듣고 그 시각을
맞추어 서울을 방문했다. 한 번도 가보지 않은 나라의 언어, 역사,
문화에 대해 책을 썼던 그가 서울 거리를 거닐며 한국인과 대화를
나누었을 때, 과연 그는 무엇을 느꼈을까? 새문안교회 창립 예배를
드릴 때, 창립 멤버 14명 중 13명은 그가 선양에서 훈련시킨
백홍준과 서상륜에 의해 복음을 접하고 교회 멤버가 되었다는
소식을 들었을 때, 그는 어떤 기분이었을까?

우리는 존 로스에게 많은 빚을 졌다. 적어도 그가 한 일에
대해서는 제대로 알아야 한다. 특히 그의 개척자 정신을 높이
평가해야 한다. 선교사 3만 명 시대라고 하지만, 숫자보다 더 중요한
것이 자질이다. 로스는 선교사에 대한 자격을 엄중히 세워야 한다고
주장했다. 사도 바울처럼 넓은 지역을 순회하며 큰 비전을 가져야
한다고 했다. 그리고 한 지역에 머물러 현지인을 돌보는 목회를
해서는 안 된다고 했다. 선교사의 역할과 현지 지도자의 역할을

분명히 한 것이다. 그는 또한 현지 문화와 언어를 중시했다. 그래서
고달픈 선교사의 삶 가운데도 학자의 길을 묵묵히 걸은 것이다.
로스는 13권의 책을 저술하고 수많은 논문을 선교 저널에 기고했다.
그는 끊임없이 노력하고 연구하는 선교사였다. 1910년 에든버러
세계선교사대회에서 중국과 조선 선교에 대해 말할 때, 참석자들은
당연히 그의 보고를 경청했다. 권위가 있는 내용이었기 때문이다.

중국 선양에 있는 동관교회와 역대 담임목사 사진. 제1대 로스 목사.

로스는 개척자였다. 개척자는 사소한 일에 얽매이지 않고, 쉽게
낙심하지 않는다. 개척자는 가보지 않은 길을 가고, 가야할 길을
간다. 길이 없는 곳에는 반드시 길을 낸다. 언젠가 로스에 대한
상세한 전기가 나오기를 기대해 본다. 로스는 우리에게 개척자의
정신이 얼마나 중요한지 보여 주었다. 그는 진정 조선과 만주 선교의
트레일블레이저였다. 중국에서 38년을 하나님께 드리며 구태의연한
방법이 아니라 늘 새로운 방법으로 도전한 하나님의 종이다.

　　권서인 이성하가 성경을 들고 여러 번 압록강을 건너 조선으로
들어가기를 반복했지만 결국은 국경수비대에 적발되어 일부는
강 속에 던져지고 나머지는 불태워졌다는 소식을 듣고 로스가 답한
내용으로 이 장을 마치려 한다.

　　압록강의 물은 그 성경들에 의하여 정결해졌다. 그것은 그것을
　　마시는 한국인들에게 생명이 될 것이며, 불태워진 성경의 재들은
　　한국인들에게 거름같이 되어 한국교회의 발전에 기여할 것이다. **8**

　　좋은 소식을 전하며 평화를 공포하며 복된 소식을 가져오며 구원을 공포하며
　　시온을 향하여 이르기를 네 하나님이 통치하신다 하는 자의 산을 넘는 발이
　　어찌 그리 아름다운가 사 52:7

마포
삼열

SAMUEL AUSTIN MOFFETT, 1864-1939

대한야소교장로회신학교(평양신학교)와
대동문널다리교회(평양 장대현교회)를 설립하였다.
배위량, 이길함과 함께 무수한 제자들을
배출하여 한국 교회의 기틀을 다졌다.

마포삼열 SAMUEL AUSTIN MOFFETT. 1864-1939

1864	1월 25일 미국 인디애나주 매디슨에서 태어남.
1884	하노버대학 졸업.
1889	시카고 맥코믹신학교 졸업.
1890	미국 북장로교 파송 선교사로 조선에 입국.
1890	1차 전도 여행, 평양 방문(그 후 4년 동안 서울과 평양을 아홉 번 오고 감).
1891	2차 전도 여행 중 의주와 만주 방문 존 로스와의 만남(게일과 서상륜 동행).
1893	평양지부의 첫 선교사로 활동 시작.
1901	평양 대동문 옆 자택에서 방기창, 김종섭에게 신학교육을 시작.
1904	평양신학교 교장으로 취임.
1907	평양신학교 제1회 졸업생 배출(최초 7인 장로교 목사).
1912	105인사건의 정황을 세계에 고발하며 일제의 날조와 만행을 폭로함.
1918	숭실중학교, 숭실전문학교 교장 역임(-1928).
1936	일본 총독부의 암살 계획을 피해 급히 미국으로 돌아감.
1939	10월 24일 캘리포니아주 몬로비아에서 투병 끝에 하나님의 부르심을 받음.

한국 교회가
홀로 설 때까지

마포삼열 선교사는 한국에서 사역한 약 1,500명의 선교사 가운데 몇 손가락 안에 꼽을 정도로 걸출한 업적과 영향력을 남긴 위대한 사역자다. 만 26세가 되던 날 서울에 도착한 그는 만 72세로 미국에 돌아갈 때까지, 장장 46년을 한국 선교를 위해 일생을 바쳤다. 그 당시 조선 선교가 서울에 집중되어 있을 때, 그는 지방에 선교 지부를 설립해야 한다고 강조했다. 평양의 중요성을 인지하고 그곳에 첫 선교사로 부임했으며, 대한야소교장로회신학교(평양신학교)를 자신의 사랑방에서 시작했다. 평양신학교는 오늘의 장신대와 총신대의 전신이며, 또한 초기 장로교단 신학의 온실이기도 하다. 서구 교회가 성경의 권위를 놓고 진보와 보수로 나누어 치열한

논쟁을 치르고 있을 때, 마포삼열은 성경만을 강조하는 신학교를
고수하며 한국 교회가 신학적 논쟁에서 흔들리지 않도록 보호했다.
구한말 근대화 과정을 지나야 했던 조선 사회는 교육과 의료 전반에
걸쳐 다방면에서 선교사의 도움이 필요했지만, 마포삼열은 신학교
사역과 목회자 양성을 통한 민족 복음화가 선교사의 최대 사명이자
관심사가 되어야 한다고 강조했다.

마포삼열은 신학 교육뿐만 아니라 사회 정의에도 눈을 뜬
선교사였다. 그 당시 미국 선교사는 미국 정부의 정책에 따라
정치적 중립을 지켜야 했다. 거기에 따르면 일제의 만행에 대해
일체 발언할 수 없었지만, 그는 침묵하기를 거부했다. 105인 사건의
경과를 일일이 기록하여 일제의 허위 조작을 선교부에 보고하고
서방 세계에 알렸다. 3.1운동을 직접 목도했으며, 자유를 외치다
무자비하게 구타당하는 젊은이들을 보며 분노했다. 일제를 향해
그는 "그들은 문명화되지 못했으며, 다른 민족을 통치하기에
적합하지 않다"라고 힘주어 말했다. 마포삼열의 이러한 분명한
정의감은 일제의 신사참배와 정면충돌하게 된다. 신사참배를 끝까지
거부하다가 결국 그는 추방을 눈앞에 두게 되는데, 가열되는 일제의
압박 속에 '곧 돌아오리라'는 기약을 남기고 1936년 한국 땅을
떠났다. 아쉽게도 그 약속은 이루어지지 않았다. 3년 후인 1939년
마포삼열은 캘리포니아의 한 시골 마을 몬로비아에서 외롭게 삶을
마감했다. 그는 유해가 되어 다시 한국 땅으로 돌아왔다. 그리고
2006년, 그러니까 한국을 떠난 지 70년 만에 장신대 개교 105주년을
맞아 아내 루시아의 유해와 함께 장신대 교정 앞에 안장되었다.

마포삼열은 한국 교회의 건축가architect라고 부를 수 있다.

그는 영혼 구원을 향한 불타는 열정이 있었고, 그의 헌신을 통해 수많은 현지인 전도자들이 세워졌다. 성경 말씀대로 '한 알의 밀이 떨어져 죽었고' 그로 인해 많은 열매를 맺었다. 한국 교회가 대체로 보수적인 이유는 평양신학교가 보수적이었기 때문이다. 여기서 훈련받고 배출된 목회자들은 전국으로 퍼져 말씀 중심의 교회를 세우며 민족 복음화에 최선을 다했다. 그래서 마포삼열을 한국 교회의 건축가로 부르는 것이 적합하다고 본다. 그렇다면 이제 마포삼열 선교사가 구한말 조선에서 한 일을 구체적으로 알아보자.

조선으로 파송받다

마포삼열의 영문 이름은 'Samuel Austin Moffett'이다. 그는 1864년 1월 25일 인디애나주 매디슨에서 스코틀랜드계 독실한 기독교 가정, 새뮤얼 슈만 모펫과 마리아 제인 맥키 부부 사이의 넷째 아들로 태어났다. 어려서부터 하나님 말씀과 교리 교육을 가정에서 받았고, 새뮤얼은 말씀뿐 아니라 수영, 무용, 야구 등 다양한 스포츠를 즐겼다. 하노버대학에서 화학을 전공하고, 맥코믹 신학교에서 목사 수업을 했다. 이때 8년 동안 함께 공부한 배위량은 평생 조선 선교를 위해 동역하는 관계가 된다. 배위량이 숭실학당(현 숭실대학교)을 설립할 때부터 도왔고, 1918년부터 1928년까지는 배위량의 뒤를 이어 숭실학교 교장으로 섬겼다. 평양에서 함께했던 마포삼열, 배위량, 그리고 기퍼드Gifford 선교사는 모두 당시 시카고 맥코믹신학교 출신이었는데, 그들은 무디의 영향으로 시작된 학생자원운동의

장신대에 세워진 마포삼열 동상.
뒤편에 마포삼열과 아내 루시아의 유해가 묻혀 있다.

구체적인 열매였다.

그가 성장했던 매디슨제일장로교회에서 파송 예배를 드릴 때, 그는 조선으로 가는 이유를 말했다. 누군가가 '이곳 미국에도 일꾼이 많이 필요한데 구태여 그 먼 이방 세계로 가야 하는가?'라고 물었던 질문에 그는 고별 설교로 답했다. 첫째는 조선으로 부르시는 주님의 명령에 순종하기 위해서, 둘째는 복음의 빚을 갚기 위해서라고 했다. 영국, 스코틀랜드, 독일, 미국 같은 나라도 누군가의 전도에 의해 우상숭배의 어둠에서 나올 수 있었으니, 이제 우리도 복음의 빚을 갚아야 한다고 했다. 그리고 셋째로 아직 하나님을 모르는 사람들에게 복음을 전해야 하는 긴박성 때문이라고 했다. 파송 예배의 마지막 순서를 맡았던 브라운 담임목사는 감격과 흥분을 감추지 못하고, 우리 교회가 아득히 먼 조선 땅에 우리의 지체를 보낼 수 있게 되어 너무나도 감사하다며 마포삼열을 위한 기도를 약속했다. 사도 바울처럼 마포삼열 역시 '나는 예수 그리스도 그분만 알기로 결심했다'는 확신이 있었고, 그가 조선에 가는 목적은 서양 문명을 전하기 위해서가 아니라 모든 죄로부터 자유함을 주시는 예수 그리스도를 전하기 위함이라는 뚜렷한 목표가 있었다.

드디어 조선에 도착한 마포삼열은 그가 가졌던 첫인상을 미국 북장로교 선교부 총무 엘린우드F. F. Ellinwood 박사에게 보고했다.

여기에 도착한 후 제가 받은 첫인상과 시간이 지나면서 더 깊어진 인상은, 이곳 사람들에게는 긍정적인 행복이 전혀 없다는 것입니다. 그들은 불만족스러운 삶에 순종하는 태도가 굳어져 버린 듯합니다. 제가 처음으로 본 행복한 얼굴은 우리 본토인 전도사our native evangelist의 얼굴이었습니다. 그 대조는 아주 분명했고, 저에게는 아주 강렬한 인상을 주었습니다. 한국인들에게 진실로 복음이 크게 필요하다는 것 외에 다른 어떤 것이 첫인상이 될 수 있는지 알 수 없습니다.

(1890년 3월 18일)[1]

그가 이 편지에서 언급하는 현지인 전도자는 서상륜과 백홍준 같은 권서인을 말한다. 존 로스로부터 그리스도를 소개받고 복음 전도자가 된 이들은 젊은 마포삼열에게 강렬한 인상을 남겼다. 일반 조선인들에게서는 삶에 기쁨을 찾아볼 수 없었는데, 예수 그리스도를 영접한 조선인들의 삶에는 분명한 목적이 있고 생기가 도는 것을 보았다. 그래서 복음을 아직 듣지 못한 조선인들에게 '복음이 강력하게 필요하다People do greatly need the gospel'는 생각이 그의 뇌리를 강타했고, 그 마음은 그의 46년 선교 사역의 핵심이 되었다. 그의 배경이 부흥사 무디의 영향력 아래 있었던 학생자원운동이라는 것을 생각하면 충분히 이해할 수 있다. 그는 평생 '오직 예수', '오직 복음'만을 가르치고 외쳤다. 마포삼열의 이런 영혼을 향한 열정은 그가 시작한 평양신학교의 영적 분위기를 결정했고, 평양신학교의 교육과 훈련은 한국 교회의 복음적 흐름에 결정적인 역할을 했다.

네비우스로부터 감동을 받다

마포삼열이 한국에 도착하고 나서 몇 개월 후, 선배 선교사 호레이스 언더우드는 중국 산둥성에서 40년간 사역한 베테랑

선교사 존 네비우스John Nevius 부부를 조선에 초청했다. 안식년을
맞아 미국으로 가는 길에 잠시 조선에 들러 선교사 훈련을 해달라고
부탁한 것이다. 네비우스는 늘 현지인의 자생력을 강조해 왔다.
선교 전략이 궁극적으로 현지인 중심이 되어야 한다는 그의 논리는
사역 현장에서 적지 않은 주목을 받았지만, 그의 이론을 반대하는
사역자들도 많았다.

　　선교사 대부분이 선교지의 빠른 복음화와 성장을 위해
외부의 지원을 대폭 의존하며 현지인을 고용할 때, 네비우스는
현지인이 책임을 지는 현지인 중심으로 선교 모델을 바꾸어야
한다고 주장했다. 서울에 머무는 2주 동안 네비우스는 자신의 선교
신념을 젊은 선교사들에게 아낌없이 퍼부었다. 아래는 그가 전달한
엑기스다.

- 선교사는 한 지역만을 담당하는 목회적 선교를 하기보다는, 전체를
  돌아보며 아우르는 순회 전도자가 되어야 한다. 선교사는 커다란
  안목으로 선교지 전체를 볼 수 있어야 한다.
- 각 지역의 책임은 훈련받은 현지인 지도자들에게 있으며, 그들에게
  철저히 맡겨 스스로 전도하도록 해야 한다.
- 현지 사역자들의 사례를 선교사를 통해 외부에 의존하면 안 된다.
  그들의 사례는 교회가 스스로 책임지도록 하라.
- 성경을 가르치라. 성경이 모든 교회 사역에 중심이 되도록 체계적으로
  성경 반을 만들고 성경으로 훈련하라.
- 자전, 자립, 자치의 순서로 현지인들을 세우고 교회를 이양하라.

2주 동안 네비우스의 선교 세미나에 참석했던 선교사 7인
모두는 이제 막 선교를 시작하는 신참들이었다. 그들은 아버지뻘
되는 네비우스의 강의를 스펀지가 물 빨아들이듯 경청했고,
네비우스의 가르침을 선교부의 핵심 지침으로 채택했다. 그 자리에
있었던 마포삼열의 가슴에 큰 인상을 남긴 것은 순회 전도의
중요성과 사역자를 키우는 것이었다.

몸소 걸으며 전도 여행을 하다

마포삼열은 네비우스의 가르침에 즉시 응하며 선교 초기
많은 시간을 순회 전도에 할당했다. 지금과는 달리 당시에 내륙
지방을 여행한다는 것은 어려운 선택이었다. 여행 자체가 위험했을
뿐만 아니라 여러 가지 조건에서 열악했다. 숙박 시설부터 먹는
것에 이르기까지 때로는 건강이 상할 정도로 힘들었다. 그러나
선교지를 글로만 대하지 않고 직접 걸으며 사람을 보고 만나는 것은
필수다. 이렇게 선교지를 배워야 비전도 생기고 감동이 온다. 그래서
마포삼열은 힘들지만 이 방법을 택했다.

첫 번째 전도 여행에서 그는 평양에 선교 지부가 반드시
세워져야 함을 깨달았다. 이를 위해 1890년부터 1894년까지 만
5년간 서울과 평양 구간을 아홉 번이나 걸어서 오갔다. 배를 타고
비교적 쉽게 갈 수도 있었지만, 의도적으로 걸으며 사람들을 만나고
대화하며 전도할 기회로 삼았다. 그는 만 26세에 내한해서 첫 10년은
독신으로 살았기 때문에 더욱 이 일이 수월했다고 고백한다. 특히

1891년 2월에 출발해서 5월에서야 서울로 돌아온 제2차 전도
여행에는 게일과 서상륜이 동행했는데, 여러 면에서 그에게 놀라운
감동을 주었다. 여행 중 그가 지켜본 서상륜에 대해 이렇게 적었다.

> 우리는 1,060리(350마일)를 다니며 주변 도시와 읍과 시골 마을에서
> 전도했다. 우리의 전도자[서상륜을 말함]는 온전한 그리스도인으로서
> 어디를 가나 존경과 주목을 받는 사람이다. 그는 봉천[심양]의 로스
> 선교사를 통해 우리에게로 온 전도자인데, 15년의 경험을 갖고 복음의
> 명백한 진리를 가르치고 선포한다. [2]

그때 받은 서상륜에 대한 인상을 미국 장로교인들을 위한
주간지 〈헤럴드앤드프레즈비터Herald and Presbyter〉에 기고한 내용이다.

> 그는 보물이다 … 진정 담대한 크리스천으로서 어떤 모욕이나 박해를
> 받아도 담대하고 슬기롭게 말씀을 전하며 신앙 서적을 판매하였다. [3]

이 여행에서 로스와 게일은 압록강에 위치한 의주를 방문하며
'대단히 기뻤고 놀랐다'고 적었다. 그 이유는 이미 이곳에 20–30명의
그리스도인을 만날 수 있었고, 열심히 복음을 전하는 백홍준에게서
감동을 받았기 때문이다. 일행은 압록강을 건너 봉천 즉 선양까지
간다. 그곳에서 스코틀랜드 선교사 존 로스와의 첫 만남을 갖는데,
다시 한번 마포삼열의 마음을 크게 움직였다. 20년 먼저 와서 일한
선교사의 모습에서 앞으로의 자신의 모습을 유추했을 것이다. 척박한
만주에서 놀라운 믿음의 공동체를 세우기까지의 고생과 헌신을

볼 수 있었고, 그 결과 수백 명의 성도와 함께 아름다운 중국식
교회를 지어 드리는 주일예배가 감동적이었다. 그뿐만 아니라
선양에 든든한 선교 본부를 운영하며 활발히 진행 중인 문서 사역을
통해 적지 않은 격려와 도전을 받았다. 만주 교회를 위한 사역도
활발했지만, 무엇보다 존 로스를 통해 시작된 조선 선교의 뿌리를
볼 수 있었다. 김진기, 백홍준, 이응찬, 이성하, 김청송, 서상륜 등의
조선 사역자들이 모두 다 이곳 선양에서 예수를 믿고 제자가 되어
지금은 권서인으로, 조사로, 한국 교회의 중추적 역할을 하고 있음에
감동하지 않을 수 없었다.

  북부 지방을 통해 마포삼열은 한국 사람들의 마음이 열려
있다는 것과, 생각보다 복음을 쉽게 전할 수 있다는 것에 감사했다.
3개월 도보 여행을 마치고 돌아오는 길은 함흥 쪽이었다. 그곳에서
폭정으로 힘들어하는 백성을 보며 가슴 아파했고, 함흥과 원산에서는
항구의 아름다움에 매료되기도 했다. 평양처럼 원산에도 선교 지부를
신속히 세워야 한다는 마음을 가졌다. 이렇게 해서 총 700마일 중
400마일은 수레를 타고, 나머지 300마일은 말을 타고 순례 전도
여행을 마쳤다. 그 기간 수천 명에게 복음을 전하며 마포삼열이 느낀
것은 "우리는 어떤 학대도 당하지 않았고, 외국인에 대한 자연스러운
의심을 제외하고는 복음을 가르치는 것에 대한 어떤 반대도 경험하지
못했다"라는 것이다. 즉 지금이야말로 복음을 왕성히 전해야 할
때라는 그의 열정적인 고백이었다.

  북부 지방을 순회하면서 마포삼열이 강렬하게 느낀 것은
선교 지부의 확장이 얼마나 중요한가였다. 그는 평양, 의주, 원산을
둘러보면서 바로 이런 곳에 선교 지부가 세워져야 한다고

마포삼열이 세운 평양신학교.

강조했다. 그 당시 북장로교 본부는 서울에 이어 부산 지부만을
허락했는데, 마포삼열은 존 로스의 사역과 연결되는 만주, 의주, 평양
라인의 중요성을 미리 탐지했다. 결국 1894년 선교부는 평양 지부의
시작을 허락했고, 마포삼열은 최초 선교사로 평양에 이주했다.
선교부가 신학교를 세울 때 서울이 아니라 평양이 선택된 이유는
마포삼열의 제안이 받아들여졌기 때문이다.

조선인 사역자를 길러 내다

네비우스는 현지 전도자를 양성하는 것이 선교의 성패를
가른다고 주장했다. 그래서 1년에 두 차례 자신의 집에 중국인 현지인

지도자들을 초청하여 숙식을 제공하며 집중적으로 성경을 가르치는
사역에 중점을 두었다. 이 일을 위해 네비우스는 의도적으로 큰 집을
마련했고, 주로 농한기를 이용해서 현지인들을 가르쳤다.

　　마포삼열 역시 네비우스의 영향을 받아 현지인 지도자 양성을
강조했다. 이를 위해 자신의 사랑방에서 신학교를 시작했다. 한
가지 다른 점은 네비우스는 신학교를 강조하지는 않았지만,
마포삼열은 처음부터 강조했다는 것이다. 그의 사랑방에서 시작된
현지인들을 위한 말씀 훈련이 신학반Theological Classes이란 이름으로
1901년까지 계속되다가 1901년부터는 체계적인 신학 교육을 갖춘
신학교가 시작되었다. 그리고 1907년, 처음으로 일곱 명의 졸업생이
배출되면서 장로교 목회자 7인이 탄생되었다. 마포삼열은 초대
학장으로 1924년까지 이 학교의 신학적 기류를 결정하는 주요
인물이었다.

　　교육 기간은 총 5년이었다. 1년 12개월 중 3개월은 평양에서
수업을 받고, 나머지 9개월은 현장으로 돌아가 실습하는 과정이었다.
이렇게 5년을 하면 졸업할 수 있었다. 학생은 주로 각자 맡은 지역의
조사였기 때문에, 지역 사정상 이 방법이 사역에 지장을 주지 않는
현명한 선택이었다. 신학교 교육은 주로 성경과 전도에 초점을
맞추었다. 마포삼열은 성경을 거의 유일한 교과서로 채택했는데,
이에 일부 선교사들은 거세게 반발했다. 그와 순회 여행을 함께하고
오랜 기간 동역했던 게일마저 "당신의 방법은 인정하지 못하겠소.
표준이 너무 낮고, 교수 방법은 저질이며, 강의 자료는 낡아 빠진
것들이고, 등록 학생 수는 너무 많소"라고 강하게 비판했다.

　　마포삼열이 보수적인 입장을 취한 데는 크게 두 가지 이유가

있었다. 첫 번째 이유는 계속해서 밀려오는 신학 교육의 세속화를 막아야 한다는 것이었다. 그 당시 감리교단은 성서 비판학을 도입해 다양한 신학적 견해를 소개하고 있었다. 성서 비판학으로 시작한 신학은 성경 영감설을 부인하고 성경의 오류를 지적하는 신학으로 이어졌고, 이 일로 인해 미국 장로교단 신학교가 진통을 겪는 모습을 보며 마포삼열은 '오직 복음, 오직 성경'만을 외치는 '근본주의'를 고수했다. 두 번째 이유는 늘어나는 신생 교회를 말씀으로 책임질 목회자를 신속히 배출하는 것이었다. 다른 것을 가르치기보다는 말씀을 가르치고 전도를 가르치는 것이야말로 신학교가 해야 할 급선무라고 보았다. 선교사가 할 일이 말씀에 입각한 현지인 지도자를 세우는 것이라는 확신의 배후에는 이미 언급한 대로 네비우스의 영향이 절대적이었다.

평양신학교에서 30년 가까이 가르쳤던 곽안련Allen Clark, 1878-1961 선교사가 이 부분을 뒷받침한다. 1890년 네비우스 선교사를 초청해 가졌던 2주간의 세미나는 한국 선교 1세대 선교사들에게 잊을 수 없는 시간이었고, 그들의 선교 방향을 결정하는 중대한 사건이었다고 그는 증언한다.[4] 실제로 1901년에 시작된 평양신학교의 커리큘럼을 보면 얼마나 네비우스의 영향이 컸는지 알 수 있다. 초창기 신학교의 커리큘럼을 보면 창세기부터 요한계시록까지 성경 자체를 가르치는 데 집중했다. 허버트 블레어 선교사는 50년 한국 선교를 회고하며 '성경이야말로 이 신학교에서 강조하고 가르친 유일한 교과서였다 The Bible was the one textbook emphasized and studied in this Seminary'고 말할 정도였다. 여기에는 '성경을 가르치라'고 귀가 따갑게 강조한 네비우스의 영향을 볼 수 있고, 성경은 하나님의 영감으로 쓰인 절대 무오한

하나님의 말씀이라는 마포삼열의 뚜렷한 성경관이 나타난다. 미국이
치열한 성경 전쟁을 치르고 있을 때, 평양신학교는 말씀의 권위에
입각해서 말씀 사역자를 배출한 것이다.

마포삼열은 한국 교회가 말씀 위에 서도록 최선을 다했고,
말씀 위에 선 교회들이 많아져야 복음화의 지름길이 된다고 믿었다.
1907년 첫 일곱 졸업생을 시작으로 1936년 신사참배 강요를
거부하며 스스로 폐교하기까지 약 650명의 졸업생이 배출되었고,
은퇴나 사망자를 제외한 450명은 여전히 활발한 목회를 하고 있다고
곽안련은 보고했다. 1937년 곽안련 선교사가 한국 교회의 부흥과
성장에 가장 큰 영향을 미친 네비우스의 정책이 무엇인지 검토한
결과, 자립·자전·자치 그리고 모든 사역의 중심을 차지하는 '성경
강조 정책'이었다.[5]

한국 교회의 140년 역사를 돌아보면, 그동안 숱한 외부적
핍박과 내부적 시험을 당하면서도 망하지 않고 오뚜기같이
칠전팔기의 길을 걷는 이유 중 하나는 바로 말씀의 뿌리가 있기
때문이다. 최근 한국 교회는 이루 말할 수 없는 비리와 거짓, 독선과
위선에 물들었다. 끊이지 않고 들려오는 지도자의 타락에도 소망이
끊어지지 않는 이유는 한국 교회가 말씀의 중요성을 알고 기도를
끊임없이 하기 때문이다. 이런 기초를 세운 선교사들의 정신을
기억해야 한다.

어느새 평양신학교는 1915년에 이르러 재학생 250명이
공부하는 세계에서 가장 큰 장로교 신학교가 되었다. 1922년
하나님께서는 시카고의 대사업가 사이러스 맥코믹Cyrus Mckormick의
미망인 맥코믹 부인을 통해 3만 5,000달러라는 거금을 보내셔서

훌륭한 건물을 짓게 하셨다. 일제의 신사참배 강요를 끝까지
거부하며 1936년 스스로 폐교를 강행했던 평양신학교는 역사
속에서 사라졌지만, 오늘의 많은 신학교가 그 뿌리를 찾아 정체성을
확인하고 있다. 특히 대한민국에서 가장 큰 장로교 교단인 예수교
장로회 합동 측과 통합 측의 신학교가 평양신학교에 그 뿌리를
두고 있다.

　　마포삼열은 평양신학교 창설자 및 교수로서의 헌신뿐 아니라,
조사 한석진과 함께 널다리교회(그후 평양 장대현교회)를 시작했고,
곽안련 선교사가 1937년에 저술한 논문에 의하면 장대현교회는
'지난 40년 동안 60개의 큰 교회들이 개척'(1937년 기준)되는 데 모체
역할을 했다. 평양은 명실공히 '기독교의 수도'로 불렸다.[6] 평양은
그 당시 한반도의 영적 견인차 구실을 했고, 그 중심에는 마포삼열과
평양신학교, 그리고 그와 함께했던 사역자들이 있었다.

1910년 세계선교사대회에 참가하다

　　마포삼열은 1910년 스코틀랜드 에든버러에서 있었던
세계선교사대회World Missionary Conference에 한국을 대표하여 참석했다.
어느새 그는 20년 넘게 사역한 베테랑 선교사가 되었고, 한국의
사역을 만방에 소개하는 주요 인물이었다. 그는 이 기회를 빌려
하나님께서 한반도에서 역사하시는 상황을 낱낱이 보고했다. 그의
강연 주제는 '복음 전도에 있어서 현지인 교회의 역할'이었다. 한국
교회의 놀라운 부흥을 전하기 위해 세 가지를 강조했다. 한 민족을

1910년 에든버러에서 열린 세계선교사대회.

향한 하나님의 절대적 섭리, 진리의 말씀을 강조한 선교정책, 그리고
한국 교인들의 자발적 참여를 들었다.

　　먼저 그는 하나님의 주권적 역사에 관해 설명했다. 하나님은
1894년에 일어난 청일전쟁을 통해 은둔의 나라 조선을 통째로
흔드셨고, 그 결과 영적 잠을 자고 있던 1,200만 명의 백성이 심한
영적 갈증을 느끼기 시작했음을 보고했다. 청일전쟁의 격전지였던
평양이 영적으로 민감한 반응을 보였던 것도 우연이 아니다. 그가
1890년 평양을 처음 방문했을 때는 믿는 사람을 찾기 어려웠지만,
20년이 지난 오늘(1910년) 평양 인구의 20퍼센트가 예수를 믿고
있으며, 평안도에만 300여 개의 교회가 세워졌다고 그는 보고했다.[7]

　　이어서 그는 한국 교회가 얼마나 진리의 말씀을 사랑하는지
말했다. 한국 교회는 성경을 하나님의 말씀으로 의심 없이
받아들이는 순수한 믿음을 가진 교회로 성장했고, 구원받는
유일한 길은 오직 예수 그리스도를 믿는 길밖에 없음을 순수하게

받아들이는 민족이라고 했다. 어디를 가나 성경 공부 반이 존재하며, 서울에 500개, 대구에 800개, 평양에 1,000개, 선천에 1,300개가 있다고 힘차게 말했다. 또한 그는 한국 기독교인들이 만들어 낸 날연보 제도subscription of days of preaching에 대해 흥분하며 보고했다. 자발적으로 전도할 날을 하나님께 연보로 드리는 날 연보 제도를 만든 한국인들을 칭찬했다. 어떤 성경 공부 반은 35명으로 된 남자반인데 반원 전체가 합쳐서 900일의 날 연보를 드렸고, 또 어떤 성경 공부 반은 2,200일을 드렸다고 했다. 평양 장대현교회는 올해 1월부터 4월까지 통계로만 총 2만 2,150일을 전도하는 날로 드렸다며 기뻐했다.[8]

이어서 마포삼열은 선교사가 입국한 지 25년도 채 되지 않은 한국 교회가 어떻게 자립하는 교회로 성장했는지를 소개했다. 한 선교부를 예로 들면서, 전체 840개의 예배당 건물 중에서 외국으로부터 지원을 받고 지은 교회는 20개도 되지 않는다고 했다. 또한 589개의 초등학교 건물도 거의 다 한국인들의 재정으로 지어졌고, 1,052명의 사역자들 사례비의 94퍼센트가 한국인들의 헌금에서 나온다고 했다.

또한 그는 길선주 장로가 안수받고 장대현교회에 목회자가 될 때가 그의 삶에서 가장 행복한 순간 중 하나였다고 술회했다. 길선주 장로가 안수를 받을 때, 그와 이길함 선교사는 곧바로 길선주 목사의 사역을 돕는 부교역자의 위치로the position of his assistants 내려왔다고 했다. 그는 철저히 현지인에 의한 복음화를 믿었고, 현지인이 책임 의식을 갖도록 했다. 에든버러 세계선교사대회에서 조선 선교의 놀라운 현황을 알린 그의 선교 보고를 들어 보자.

내 생에 가장 행복했던 날 중 하나는 1907년 10월이었다. 오랫동안 이길함 선교사와 나와 목회자들을 도왔던 길 선생이 드디어 중앙교회의 목회자로 위임을 받게 되고 우리는 자연히 그의 도우미 위치로 내려온 것이다. 내가 확신하는 것은 사역자가 안수를 받으면 속히 그들의 은사에 따라 자민족의 복음화를 위해 리더십과 책임감의 위치에 세워지리라는 것이다(에든버러 세계선교사대회, 1910년 6월 17일).

이것은 마포삼열이 네비우스의 선교 원리를 얼마나 중요시했는지를 엿볼 수 있는 좋은 사례이다. 덧붙여 그는 지금 한국이 중국과 일본 사이에 끼어 정치적으로나 경제적으로 도저히 강대국이 될 수 없지만, 하나님께서는 앞으로 굴욕적으로 당하고만 있는 이 작은 나라를 반드시 들어 쓰실 것이며, 언젠가는 영적 강대국이 될 것이라고 내다보았다. 110년이 지난 지금, 우리는 마포삼열의 말이 적중했음을 확인할 수 있다.

풍성한 열매를 남긴 마포삼열

그가 처음 평양을 방문했을 때만 해도(1차 전도 여행, 1890년), 평양에서는 예수 믿는 사람을 쉽게 찾아볼 수 없었다. 존 로스가 파송한 권서인의 전도를 받았던 소수의 그리스도인만 보일 정도였다. 이듬해, 두 번째 방문 때(2차 전도 여행, 1891년) 역시 소수의 무리와 예배를 드리는 정도였다. 그러나 1893년 평양에 선교 지부가 세워지고부터는 신앙 공동체 형성에 속도가 붙기 시작했다.

드디어 1894년 1월 7일, 마포삼열이 양육한 성도 여덟 명이 세례를
받고 첫 성찬식에 참여했다. 마포삼열은 이들과 함께 대동문
널다리교회(장대현교회의 전신)를 설립했고, 신자 수는 기하급수적으로
늘어나 1900년에 가서는 학습 교인과 세례인 780명을 포함한 전체
교인이 2,300명이나 되었다. 평양보다 훨씬 먼저 선교가 시작된
서울의 신자 수가 1,430명이었던 것을 생각해 보면 놀라운 부흥이
아닐 수 없다.

평양 선교 지부를 중심으로 복음은 왕성히 퍼져 나갔다. 의주,
선천, 용천, 황해도 북쪽 등 계속해서 교회가 개척되고 구석구석
복음이 전파되었다. 평양의 대표적인 교회인 장대현교회는
1,500명을 수용하는 거대한 예배당을 지었는데, 순수하게 한국인의
재정으로만 지어졌다. 1900년 10월, 북장로교 선교부의 연례회의차
서울에서 평양을 방문했던 언더우드 선교사는 1,200명의 성도가
모인 장대현교회에서 설교하며 놀라움을 금치 못했다.

마포삼열은 풍성한 열매를 남겼다. 물론 그가 혼자 한 일은
아니다. 맥코믹신학교 동기인 배위량 선교사와 이길함 선교사의
아름다운 헌신과 동역이 없었다면 불가능했을 것이다. 그뿐 아니라,
현지인 지도자와 현지 교회의 자발적 참여가 없이는 그 땅이
복음화될 수 없었다. 그들을 통해서만 온전한 민족 복음화가
가능하다는 것을 깨달은 마포삼열은, 이미 언급했듯이 처음부터
현지인 전도자 양성에 전념했다.

그리고 마침내 1907년 6월 20일, 평양신학교 제1회 졸업생 일곱
명이 나왔다.

평양신학교 제1회 졸업생 일곱 명.
뒷줄 왼쪽부터 시계 방향으로 방기창, 서경조, 양전백, 송인서, 길선주, 이기풍, 한석진.

- 길선주(40세)
- 방기창(58세)
- 서경조(58세)
- 송인서(40세)
- 양전백(39세)
- 이기풍(40세)
- 한석진(41세).

이 중에서도 마포삼열은 이기풍을 잊을 수 없다. 그가 예수 믿기 전 얼마나 선교사를 핍박했는지 모른다. 마포삼열에게 돌을 던져 턱에서 피가 나도록 한 인물이다. 하지만 마포삼열의 감동을 받은 이기풍은 목사 안수 후, 첫 선교사로서 제주 선교에 나서게 된다. 길선주 장로는 안수를 받자 장대현교회의 담임목사로 부임했고, 이에 맞추어 마포삼열과 이길함 선교사는 담임 목사직에서 기쁨으로 물러났다. 마포삼열은 선교사의 역할이 무엇인지를 분명히 보여 주었다. 현지인 리더십을 세우고 속히 교회를 이양하는 것이다. 그는 네비우스의 가르침대로 자전·자립·자치의 원리를 최대한 지켰고, 그 대가로 풍성한 열매를 거두었다. 마포삼열이 가르친 수많은 신학생은 한국 교회의 지도자가 되어 하나님과 교회, 그리고 나라와 민족을 섬기는 사람들이 되었다.

마포삼열의 영향력은 그의 제자들에게만 국한되지 않고 그와 가장 가까운 가족에게도 크게 다가갔다. 많은 사람 중에서 가장 강력한 영향을 받은 이들은 마포삼열 선교사의 다섯 아들이라고 해도 과언이 아니다. 마포삼열은 첫 번째 아내 메리 앨리스 피시Mary Alice

Fish에게서 제임스와 찰스를 얻었고, 아내가 사별하자 메리의 사촌
동생 루시아 헤스터 피시Lucia Hester Fish와 결혼해서 새뮤얼, 하워드,
토마스를 얻었다. 이 다섯 아들 모두가 아버지의 강한 영향을 받고
주의 종이 되었다.

평소 마포삼열은 그의 아들들에게 "반드시 해야 하는 것이
아니라면 목회자가 되지 말라Don't be a minister unless you have to be" 이렇게
당부했다. 목회자란 아무나 되는 것이 아니라 반드시 소명이 있어야
함을 알았기 때문이다. 아들들은 결코 아버지의 조언을 가벼이
듣지 않았지만, 결과적으로는 다섯 아들 중 넷은 결국 목회자의
길을 선택하여 목회자나 선교사가 되었고, 나머지 한 명은 의대를
졸업하고 의료 선교사가 되었다. 결국 다섯 아들 모두 목회와 선교에
헌신했다. 그중 두 아들은 한국 선교사가 되었는데, 셋째 아들 마삼락
선교사Samuel Hugh Moffett, 1916-2015는 아버지의 뒤를 이어 장신대에서
오랫동안 가르쳤고, 65세에 은퇴한 후에는 프린스턴신학교에서
가르쳤다. 특히 70대 후반부터 왕성한 집필 생활을 이어 가며 아시아
교회사 시리즈 두 권을 저술했다.

마삼락 선교사가 기억하는 아버지는 자식들에게 직접 기도를
가르치고 말씀을 함께 읽으며 기독교 교리를 가르치는 탁월한
인도자였다. 기도는 가족생활에서 자연스러운 일부였다. 저녁 식사를
마치면 아버지의 짧은 성경 봉독을 듣고, 온 가족은 의자 옆이나
침대 옆에 무릎 꿇고 아버지의 기도 소리를 들으며 함께 기도했다고
한다. 아버지의 기도는 단순했지만 깊었고, 마치 하나님 아버지를
개인적으로 잘 아는 사람처럼 기도했다고 한다. 그래서 아버지의
영적 영향력은 다섯 아들 모두의 심령 깊은 곳에 새겨졌다. 마포삼열

가족의 여름휴가는 특이한 방법으로 진행되었다. 배 위에 간단한
초가집을 짓고 대동강을 따라 전도 여행을 함께 갔다. 강 주변
교회들을 돌아보는 동안 다섯 형제는 수영하며 강변에서 놀았다.
매일 아침 아버지는 소요리 문답을 아들들에게 가르쳤다고 한다.
넷째 아들 마화열 선교사Howard Fergus Moffett, 1917-2013는 의사가 되어
대구 동산병원장으로 30년간 재직하면서 의료센터를 선진화시켰다.

　'다시 돌아오겠다'며 일제 치하에 병든 몸을 끌고 미국으로
돌아갔던 마포삼열은 비록 유해로 돌아왔지만, 우리 마음속에는
신실한 사역자로 남아 있다. 사실 마포삼열은 조선땅을 급히 떠나야
했다. 조선 총독부가 그를 암살한다는 첩보를 접수했기 때문이다.
일제는 신사참배를 정면에서 반대하던 마포삼열 선교사를 제거하기
위해 치밀한 계획을 세우고 있었다. 이 비밀을 누설한 사람은 총독부
관리의 아내였다고 한다.

　　그녀는 독실한 크리스천으로 자신이 우연히 듣게 된 정보를 평양
　　선교부에 급히 알려 줬던 것이다. 그녀는 사태의 시급성을 알리며
　　어떠한 환송회나 모임 등을 일절 갖지 말고 무조건 떠날 것을
　　요청했으며, 마포삼열 목사는 일 헌병의 검속을 피해 사람들이 가장
　　붐비는 낮 시간을 택해 간단한 옷가지만 챙긴 채 황급히 평양역에서
　　부산행 기차에 몸을 실어야 했다. 부산에서 요코하마를 거쳐
　　샌프란시스코로 향하던 기선 안에서 친 전보를 받고서야 아버지의
　　귀국 소식을 알게 됐다는 헤이워드 모펫은 "아버지는 잠시 피신차
　　귀국한 미국에서 여러번 한국으로 돌아가기 위해 시도했으나 한국내
　　정세의 악화로 이같은 노력이 번번이 무산되면서 심장 질환이 악화된

것 같다"고 말했다. 그는 아내와 막내아들을 남겨 두고 온 것 뿐 아니라
자신의 평생의 선교 사역이 고스란히 남아 있는 한국에 돌아갈 수 없게
된 상황에 더욱 절망했던 것이다.**9**

　　가족을 한국에 두고 급히 귀국한 마포삼열은 3년 후 캘리포니아
몬로비아의 지인의 차고를 개조한 임시 처소에서 생애의 마지막을
외롭게 맞이했다.
　　그는 복음을 위해 모든 것을 바쳐 신실한 선교사의 삶이
무엇인지 확실하게 보여 주었다. 전심을 다해 복음을 전하고
사역자를 훈련하여 세울 때, 나라가 변하고 민족이 변함을 보여
주었다. 다시 한번 우리는 소중한 열매를 남긴 마포삼열의 열정과
헌신에 감사하지 않을 수 없다.

　　내가 너희 중에서 예수 그리스도와 그가 십자가에 못 박히신 것 외에는

　　아무것도 알지 아니하기로 작정하였음이라 고전 2:2

올리버
에비슨

OLIVER R. AVISON, 1860-1956

의료 선교사로서 조선에
현대식 의료 시스템을 도입했다.
제중원의학교를 세워
조선의 의사들을 양성하였다.

올리버 에비슨 OLIVER R. AVISON, 1860-1956

1860 6월 30일 영국 요크셔 허더스필드에서 태어남.
1866 부모와 함께 미국을 거쳐 캐나다 토론토 근교 웨스턴에 정착.
1877 사범학교를 졸업하고 스미스폴스의 허튼초등학교에서 교편생활.
1884 온타리오 약학교 수석 졸업.
1887 토론토대학 의대 졸업, 의대 교수, 토론토 시장 주치의로 근무.
1893 가족과 함께 조선에 도착, 다음 해부터 제중원 사역 시작.
1895 콜레라 방역에 성공, 고종의 신임을 얻음.
1900 카네기홀에서 열린 선교대회에서 조선 선교를 호소, 세브란스와의 만남.
1904 세브란스의 지원으로 서울역 앞에 세브란스병원 준공.
1908 세브란스의학교 1회 졸업생 7명 배출.
1916 조선기독교학교 교장으로 취임.
1929 연희전문과 세브란스의 합병을 적극 추진했지만 일제의 간섭으로 포기.
1934 세브란스의학전문학교 교장직에서 물러나 한국인에게 물려줌.
1935 조선을 떠나 미국에서 은퇴 생활을 시작함.
1956 8월29일 플로리다 세인트피터즈버그에서 하나님의 부르심을 받음.

현실에 안주하지 않은
노력파 의사

구한말 우리 민족에게 복음을 전했던 선교사 중에 캐나다 출신
인물이 여러 명 있다. 천로역정을 번역해 청년 길선주의 회심을 도운
제임스 게일, 토론토의대 교수라는 안정된 자리를 내려놓고 조선의
현대 의학을 위해 평생을 바친 올리버 에비슨, 소래 마을에 가서
현지인들과 똑같이 살다가 일찍 하나님의 부르심을 받은 윌리엄
맥켄지, 평신도 전도자로 조선에 침례교회를 시작한 말콤 펜윅Malcolm
Fenwick, 청일전쟁 때 환자들을 돌보다 감염되어 병사한 윌리엄 홀
William Hall, 원산회개운동을 통해 평양대부흥운동의 불씨를 붙인
로버트 하디, 제암리 학살 사건 현장을 목격한 후 일제의 만행을 전
세계에 고발한 프랭크 스코필드Frank Schofield 등, 이 귀한 분들을 우리는

잊을 수 없다. 이들의 노력과 헌신이 모여 오늘의 한국 교회를 이루는 데 큰 몫을 했다. 그중에서도 우리는 대한민국에 현대식 의술을 소개하고 정착하게 한 올리버 에비슨(우리말 이름 '어비신')의 사역을 검토해 볼 것이다. 한 사람의 비전과 헌신으로 인해 오늘의 훌륭한 의료 시설과 의료진을 갖는 데 큰 영향을 주었기 때문이다. 에비슨의 헌신 뒤에는 조선을 향한 그의 깊은 사랑이 있었다.

　　이 장에서는 에비슨이 어떻게 조선에 오게 되었는지, 그리고 조선에 와서 무슨 일에 집중했는지를 살펴보고 고마운 마음을 표하고자 한다. 감사하게도 에비슨은 선교 기록을 워낙 자세히 남겨서 글을 쓰기가 수월하다. 에비슨이 조선에서 40여 년을 지내는 동안 기록을 남긴 것은 아니다. 그가 선교지에서 돌아왔을 때 아내 제니가 곧 세상을 떠났는데, 암울한 나날을 보내던 때 주위 사람들의 강력한 권유로 자신의 삶과 사역을 정리하여 회고록 원고를 남겼다. 어떻게 출판이 될지 전혀 모르는 채로 언젠가 사람들이 이 원고를 읽어 주기를 바랐다. 마침내 이 원고는 《구한말 40여 년의 풍경》 이라는 제목으로 2006년 대구대학교에서 출판되었다. 600페이지가 넘는 방대한 분량이다.[1] 마치 한 편의 긴 영화를 보듯 구한말과 일제 강점기 아래 우리 민족의 모습을 볼 수 있고, 그 어려운 상황에서 조선을 사랑한 에비슨이 어떤 노력을 했는지 가늠할 수 있다.

노력하는 사람 에비슨

올리버 에비슨은 1860년 영국 요크셔에서 태어났다. 찌든

가난 속에서도 그의 아버지는 성실하게 일하는 노동자였고, 비록
학교에 가본 적은 없지만, 스스로 글을 배워 생물, 역사, 문학 등 여러
분야의 책을 읽으며 세상을 넓게 보려고 노력했던 인물이다. 그런
아버지 밑에서 에비슨은 근면과 성실을 배웠다. 아버지가 항상
자기 발전을 위해 노력했듯이 에비슨도 젊은 시절 열심히 공부해서
의대 교수까지 되었다. 에비슨은 부모를 따라 여섯 살 때 미국으로
이민하였다. 그의 회고록을 보면 1866년 2월 어느 날 리버풀항구에서
보스턴호를 타고 뉴욕으로 14일간 항해했다고 적혀 있다. 비록 어린
나이였지만, 에비슨은 항해 중 일어났던 일을 잘 기억했다. 한번은
무섭게 몰아치는 파도로 배가 심하게 흔들렸는데, 에비슨은 토할 것
같은 몸을 간신히 추슬렀다고 한다. 미국 정착이 뜻대로 이루어지지
않자, 가족은 외삼촌이 사는 캐나다를 찾았다. 토론토 서북쪽에
위치한 웨스턴Weston이라는 지역에 정착했다. 지금은 토론토시에
속하지만, 그 당시만 해도 마차로 토론토 다운타운에서 하룻길
거리였다. 그곳에서 에비슨은 학교에 다니며 어린 시절의 에피소드를
기록했는데, 그중에서 1867년 7월 1일 캐나다의 건국을 축하하는
행사를 목격했던 기억을 생생하게 남겼다.

　　　열한 살이 되던 해 에비슨은 갑자기 학교를 그만두고 모직
공장에 취직한다. 세상 물정을 알고 싶었던 것이다. 하루 열한 시간씩
주 6일을 고되게 일하는 고달픈 삶을 통해 에비슨은 근면과 성실을
배운다. 이 경험은 나중에 그가 세브란스병원 원장과 연희전문학교
교장이라는 중책을 맡을 때 초심을 잃지 않고 성실히 일하는 데 큰
도움이 되었다고 한다. 모직 공장 생활 2년 만에 그는 다시 복학한다.

　　　고등학교 졸업 후 에비슨은 오타와 근처 스미스폴스Smith's Falls의

시골 학교 교사로 근무한다. 그곳은 학교라고 하기엔 너무 초라했다.
교실 하나에 초등학생부터 고등학생까지 총 40명을 모아 가르쳐야
했다. 어려운 환경이었지만, 에비슨은 최선을 다했다. 그리고
아버지에게 배운 대로 자기 발전을 위해 새로운 도전을 한다.
에비슨은 교사직을 내려놓고 약국의 조수가 되었다. 그리고 이어
약학을 공부하여 약학 교수가 되었고, 이어 토론토 의대를 졸업한
후 토론토대학 의대 교수가 되었다. 불과 33세의 나이에 에비슨은
토론토 대학 교수이자 토론토 시장의 주치의, 세 아이의 아버지로
안정된 삶을 누렸다. 학교에도 한번 가보지 못하고 오직 가난을
피해 북미 이민의 길을 선택한 아버지의 삶과 비교하면, 올리버
에비슨은 단시간의 노력으로 엄청난 사회적 지위를 얻어 낸 것이다.

그런데 에비슨은 여기서 멈추지 않았다. 마음속에 불타는
비전을 따라갔다. 1892년 9월, 그는 조선 선교사 언더우드가
안식년을 맞아 북미로 온다는 소식을 들었다. 에비슨은 그를
토론토로 초청했다. 의대생들에게 알려지지 않은 조선을 소개하고
싶었다. 집회 일정을 마친 언더우드는 에비슨에게 혹시 조선에
갈 생각이 없는지 물었다. 조선에는 지금 의사가 부족하다는
것이었다. 의대생들을 위해 준비한 선교 집회는 사실상 자신을 위한
집회가 되었다. 에비슨은 하나님의 강한 부르심을 느꼈다. 더 이상
늦출 필요가 없었다. 그래서 토론토에서의 삶을 정리했고, 다음해인
1893년 어린 세 아이를 데리고 토론토를 출발했다. 아내는 넷째
아이를 뱃속에 가진 상태였고, 세 아이 중 하나가 몹시 아파 배를
탈 수 없을지도 모른다는 두려움이 있었지만, 에비슨은 모든
것을 하나님 손에 맡겼다. 물론 하나님은 아이들의 건강을 지켜

주셨다. 토론토에서 기차로 밴쿠버까지, 밴쿠버에서 배를 타고
일본을 경유하여 부산으로 갔다. 에비슨이 여섯 살 때 아버지의
손을 잡고 대서양을 건너왔었는데, 지금은 에비슨이 어린 자식들의
손을 직접 잡고 태평양을 건너고 있었다! 에비슨의 아버지는
아메리칸드림을 가지고 북미로 왔지만, 에비슨은 '킹덤 드림'을
따라 자녀들을 데리고 조선으로 온 것이다. 부산에 도착한 에비슨
가족은 배위량 선교사 가정에 잠시 머물렀고, 이때 아내 제니는 넷째
아들 더글러스를 낳았다. 그는 아버지의 뒤를 이어 조선에서 평생
의료 선교사로 섬겼다.

세브란스병원은 이렇게 지어졌다

　　서울에 도착한 에비슨은 곧바로 제중원을 맡아 운영했다.
제중원은 갑신정변(1884년) 때 민영익을 구사일생으로 살려낸 알렌
공사(의사)에게 고마움을 표하기 위해 갑신정변의 주범 중 하나인
홍영식의 집을 개조해 만든 최초의 서양식 정부 병원이다. 원래
이름은 광혜원이었는데, 위치를 옮기면서 제중원으로 바뀌었다.
그런데 에비슨이 막상 제중원을 운영해 보니 의료시설이 너무나
열악하고 자원이 부족했다. 그는 정부와 협상하여 1894년 9월,
제중원을 정부 관할에서 북장로교 소속으로 이관받는 데 성공하였고,
공립이 아닌 사립 기관으로서 제중원을 현대식 건물과 시스템으로
바꾸어 나갈 비전을 세우기 시작했다. 제중원 확장을 위해 고민하던
중, 5년 후 그에게 기회가 찾아왔다. 건강이 급속히 나빠져 1899년

캐나다에서 안식년을 갖게 된 에비슨은 두 가지 기도 제목을 가지고
돌아왔다. 첫째는 탈진한 몸을 속히 회복시켜 달라는 기도였고,
둘째는 제중원을 새로운 터에 크게 지을 수 있도록 후원자를 달라는
것이었다.

　토론토에 도착한 에비슨은 건축가 헨리 고든Henry Gordon을
찾아갔다. 새로 지을 병원의 설계도를 부탁하기 위해서였다.

　"얼마나 큰 병원을 생각하십니까?"

　"글쎄요. 잘 모릅니다. 적어도 30-40명의 환자를 돌볼 수 있는
시설이어야 합니다."

　"건축비는 얼마나 생각하고 계십니까?"

　"잘 모릅니다. 전혀 자금이 준비되지 않았습니다. 그러나
설계도가 있어야 기부자와 대화할 수 있습니다."

　어처구니가 없다고 느낀 고든은 '적어도 만 달러는 있어야
한다'는 답을 주었다. 그리고 만일 본인이 이 일을 맡게 되면 설계비는
받지 않겠다고 말했다.

　적어도 만 달러가 필요하다는 것을 알게 된 에비슨은 1900년
4월 뉴욕 카네기홀과 인근 교회에서 있었던 국제 에큐메니컬선교대회
the Ecumenical Conference on Foreign Missions에서 돌파구를 찾았다. 5,000명이
참석하는 대규모 선교 대회였는데, 에비슨은 '선교 협정과 의료선교
Comity in Medical Missions'라는 제목으로 주제 강의를 부탁받았다. 그
당시 선교 협정Comity은 매우 중요한 개념으로 부각되고 있었다.
선교의 중복이나 경쟁을 피하기 위해 교단의 활동 지역을 나누는
협정이었다. 조선에 선교사를 파송한 장로 교단만 네 단체, 여기에
감리 교단이 두 단체였다. 미국 북장로교, 남장로교, 호주 장로교,

캐나다 장로교, 미국 북감리교 그리고 미국 남감리교였다. 이들이
자칫하면 한 지역에 중복으로 선교사를 파송해서 원치 않는
경쟁을 할 수도 있었기에 선교 협정이라는 전략이 정서적으로 잘
받아들여졌다. 에비슨은 떨리는 심정으로 강단에서 정성껏 준비한
원고를 읽어 내려갔다. 그날 에비슨이 강조한 단어는 선교 협정과
하나 됨comity & unity이었다. 현재 조선에는 일곱 명의 의사가 각자의
교단에서 파송받아 따로 일하고 있다며, 문제는 각각 모두 열악한
병원을 운영하고 있다는 것이라고 했다.

> 이들 의사 중 서너 명이 시설이 제대로 갖추어진 병원에서 함께 일할
> 수 있다면, 현재 조건 하에서 일곱 개의 병원을 운영하는 것보다
> 더 좋은 일을 할 수가 있습니다. 어디 그뿐입니까? 나머지 서너
> 명의 의사들은 이 나라 여러 곳에 가서 훨씬 더 많은 환자를 돌볼 수
> 있습니다.[2]

그날 그가 강조한 내용은 세 가지였다. 첫째, 여러 교단이 파송한
의료 선교사들을 한곳에 모아 큰 병원을 세우고 함께 효율적으로
일하게 할 것. 둘째, 의과대학의 부속annex으로 병원을 짓고, 의대와
병원을 동시에 발전시킬 것. 셋째, 병원을 현지인 의사들에게 넘길
계획을 갖고 처음부터 수준 높은 교육을 통해 의사를 배출하며
현지인에게 병원 운영과 재정을 책임지게 할 것. 에비슨의 생각은
당시 매우 진보적인 편이었다. 이는 현지인들의 능력을 믿었기
때문이고, 궁극적으로 선교사가 할 일은 현지인들을 세우고 힘을
실어 주는 것이라고 믿었기 때문이다.

그날 에비슨의 선교 보고는 카네기홀 맨 뒷줄을 겨냥했다.
거기까지 목소리가 잘 들리면 강당 전체를 안전하게 커버할 것이라고
생각했다. 그때 에비슨의 열정적인 호소를 듣던 사람이 있었다. 그는
나중에 세브란스병원 건축을 위해 거금을 희사하게 될 스탠다드오일
회사 부사장 루이스 세브란스Louis Henry Severance였다. 세브란스는
에비슨의 선교 보고를 통해 그가 강조한 내용을 100퍼센트 동감했다.
세브란스는 록펠러와 사업을 하면서 많은 곳에 투자해 큰 부를
얻었다. 그래서 언젠가는 하나님께서 주신 부를 세계 선교를 위해
쓰고 싶었다. 특히 선교지에 병원을 건축하는 일에 지대한 관심을
갖고 있었는데, 그날 에비슨의 선교 보고와 세 가지 전략은
세브란스의 마음을 흥분시켰다. 특히 '선교 협정을 통해 얻는 하나
됨'이란 말이 그의 뇌리를 떠나지 않았다. 세브란스는 에비슨에게
다음 주 수요일에 한번 만나자면서 그 자리를 떠났다. 그 후,
세브란스는 조선의 병원 건축을 위해 1만 불을 약속했다.

기도에 응답해 주신 하나님께 감사하며 흥분 속에 안식년을
마치고 돌아온 에비슨은 예상치 못한 난관에 부딪쳤다. 북장로 교단
선교부가 세브란스 씨의 헌금을 에비슨이 생각한 대로 사용하는
것에 동의하지 않았기 때문이다. 배후에는 동료 선교사들의 강력한
반대가 있었다. 특히 평양에서 사역하는 선교사들이 반대했다. 그
이유는 간단했다. 최신식 병원 건물을 짓는 것이 과연 조선 선교에
무슨 도움을 주겠느냐는 걱정의 목소리였다. 평양에서 사역하는
선교사들은 전도와 교회 개척에 막대한 관심을 갖고 있었는데,
서울에 최신식 병원을 짓는다면, 조선 선교는 구령 사업이 아니라
서구의 물질 문명을 앞세우는 자선사업 정도로 이해하게 될 것이라고

우려했다. 특히 큰 병원을 짓고 나면 선교부의 상당한 예산이 병원 운영에 사용될 것을 우려했다. 그들은 에비슨에게 두 가지를 요구했다. 첫째, 건축비를 절반으로 줄이고 나머지 절반은 전도와 교회 개척을 위해 사용할 것. 둘째, 병원 유지비에 상한선을 긋고 그 선을 넘지 말 것. 에비슨은 둘 다 동의할 수 없었다. 이왕 짓는 것 제대로 된 시설을 갖춘 병원을 짓고 싶었고, 앞으로도 병원 사역이 어떻게 확장될지 모르는데 운영비에 한계를 둔다는 것은 있을 수 없는 일이었다.

　　병원 건축에 진전이 없는 이유를 알게 된 세브란스 씨는 선교부에 강력히 항의하였고, 만일 자신의 기부금을 선교부가 임의대로 나누어 쓴다면 5,000달러만 의료 사업을 위해 헌금하겠다고 했다. 그의 강력한 의지에 힘입어 결국 에비슨이 계획했던 대로 만 달러 전액이 병원 건축에 할당되었다. 설계사 고든 또한 토론토에서 건너와 직접 시공을 도왔는데, 초기 계획과 달리 러일전쟁으로 인해 자재비가 턱없이 오르면서 건축비는 총 2만 5,000달러를 넘기게 되었다. 1904년 9월 4일, 드디어 3층 구조의 현대식 병원이 세워졌고, 기부자의 이름을 따서 제중원을 세브란스병원으로 개칭하였다. 세브란스 씨는 준공 후 직접 내한해서 병원 운영을 둘러보고 큰 감명을 받았고, 최고의 시설을 설치하라며 추가 헌금을 하였다. 그가 세브란스 병원을 위해 헌금한 돈은 총 4만 5,000달러나 되었다. 이렇게 당시 동아시아 최고 수준의 의료 기관, 세브란스병원이 세워졌다.

　　세브란스병원이 세워지기 전부터 에비슨은 환자를 돌보는 일뿐 아니라 조선의 의사를 배출하는 일을 꿈꾸기 시작했다.

1899년 제중원의학교를 설립해서 첫 학생들을 가르치기 시작했고,
1904년 9월 병원이 완공되자 학교 이름을 세브란스의학교로
개명했다. 드디어 1908년 6월 세브란스의학교 1회 졸업생이자
최초의 면허 의사 일곱 명이 배출되었다.

- 김필순
- 김희영
- 박서양
- 신창희
- 주현칙
- 홍석후
- 홍종은

이 중에서 박서양의 스토리는 널리 알려져 있다. 아버지
박성춘이 장티푸스로 사경을 헤맬 때, 박서양은 자신이 다니던
곤당골교회의 목사 새뮤얼 무어를 불러 긴급히 도움을 요청했다.
무어는 동료 선교사 에비슨을 찾았고, 두 사람은 박성춘을 지극정성
치료하고 간호해서 죽음의 길에서 구해 냈다. 백정 박성춘은 에비슨
선교사가 고종의 주치의라는 사실을 알자 더욱 놀라며 '어떻게 왕의
몸을 만진 손이 이 백정의 몸을 만질 수 있는가?' 하며 감격했다.
박성춘은 예수를 믿게 되었고, 아들 박서양을 에비슨에게 맡겼다.
이렇게 되어 박서양은 조선의 첫 서양식 의사가 되었고, 용정에
구세의원과 숭신소학교를 세워 빛이 되는 삶을 살았다.
에비슨이 동료 선교사들의 반대를 무릅쓰고 훌륭한 현대식

병원을 고집한 이유는 무엇이었을까? 자칫 잘못 판단하면 과시욕이나
성취욕에서 나온 발상이라고 할 수 있겠지만, 사실은 전혀 아니었다.
먼 앞날을 내다보는 에비슨의 선교적 마인드는 그의 계획을 반대했던
선교사들과 달랐다. 우선 의료 선교에 대한 에비슨의 기본 생각이
달랐다. 지금이나 그 당시나 의료 사역과 교육 사역을 복음 전달의
수단으로 생각하는 경우가 많다. 병원과 학교를 지어 현지인들의
복지를 높이고, 그들이 문명의 혜택을 누리게 되어 마음이
부드러워질 때 복음 전파와 교회 개척에 큰 도움이 된다고 생각하는
것이다. 그러나 에비슨은 의료 사역을 그렇게 바라보지 않았다.

서울역 앞에 세워졌던 세브란스병원의 모습.

현대식 의술을 가지고 정성을 다해 죽어 가는 사람들을 살리는 행위
자체가 예수님의 사랑을 나누는 성결한 사역이라고 보았다.

> 의료 선교사였던 에비슨은 기독교 의료사업의 근본적인 목표가
> 기독교를 전파하는 데 있다는 점에는 이의를 달지 않았다. 그러나
> 그는 기독교 정신에 투철한 최선의 의료 행위는 그 자체로서 기독교적
> 이상을 실현하는 중요한 행위요 전도라고 보았다. 따라서 그는 기독교
> 의료기관들이 최상의 의료봉사를 할 수 있도록 하는 데 헌신적인
> 노력을 기울였다. 에비슨이 당시 동아시아 최고 수준의 현대식
> 병원이었던 세브란스병원을 만들고 그 속에 의학교를 개설한 것은
> 그런 노력의 결실이었다. [3]

에비슨은 시설뿐 아니라 실력에서도 현지인 의료진이 서양
의료진과 비등해야 한다고 믿었다. 조선 의사들의 실력이 서양
의료진들과 대등하게 되기 위해서는 책임 있는 교육을 해야
한다고 믿었다. 선교사는 영원히 선교지에 머물지 않을 것이기에
하루속히 조선 의사의 실력을 올려서 심지어 서양 사람이 자신의
생명을 맡길 수 있을 정도가 되어야 한다고 말이다. 그렇게 되기
위해서는 환자를 올바로 치료할 수 있는 최고의 시설은 물론, 최고의
의대를 세워야 한다고 생각했다. 세브란스의학교는 매우 까다로운
기준으로 학생들을 졸업시켰고, 그러다 보니 졸업생들의 실력은 매우
우수하다고 정평이 났다.
에비슨의 신념을 정리하면 첫째로 복음 전도를 위한
수단으로서의 의료 선교가 아니라 의료 선교 자체의 중요성을

바탕으로 사역하는 것, 둘째로 서양 의술에 뒤떨어지지 않는 높은
수준으로 실력 있는 조선인들을 배출하는 것, 셋째로 선교사는 떠날
준비를 해야 한다는 것이었다. 에비슨은 세브란스의전 교수진을 구할
때 될 수 있는 대로 유학을 다녀온 조선인을 기용하려고 했다.

  에비슨은 세브란스의학교뿐만 아니라 연희전문학교(경신학교)
까지 맡게 되었다. 절친한 관계였던 언더우드 선교사의 건강이
악화되면서 그가 본국으로 돌아가 1916년 10월에 소천하자 그때부터
에비슨은 선교사로 은퇴할 때(1936년)까지 18년 동안 두 학교의
교장으로 섬겼다. 자연히 두 학교의 합병이 거론되었지만, 일제의
방해로 이루어지지 않다가 6.25 전쟁 후 계기가 마련되었다.

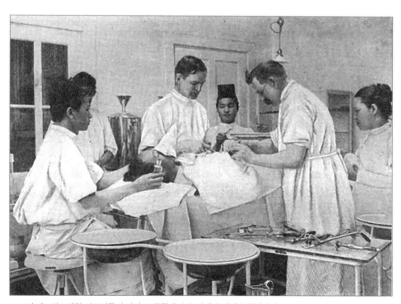

1917년 세브란스병원 의료진들의 사진. 오른쪽에서 두 번째가 에비슨 원장이다.

한 민족에 큰 슬픔을 안겨 준 1950년의 한국전쟁은 양교의
합동을 촉진하는 결정인 계기가 되었다. 전후 복구 과정 중에 양교는
다시 한번 합병을 결정했고, 결국 세브란스의과대학과 연희대학교는
1957년 1월 연세대학교로 재탄생했다. 1956년 8월 에비슨이
타계한 직후였다. 안타깝게도 타계 몇 년 전부터 병석에 누워 있었던
에비슨은 연세대학교의 탄생을 몰랐을 것으로 보인다.[4]

　　에비슨의 선교를 조명해 볼 때, 그가 남기고 간 업적은 실로
대단하다. 그는 한국의 근대화에 커다란 획을 그었다고 볼 수 있다.

조선을 사랑한 에비슨

　　무엇보다 에비슨은 조선을 지극히 사랑했다. 조선에서
선교사로 섬겼던 42년 중 첫 2년 동안 일어난 사건을 통해 왕의
전적인 신임을 받는 기회가 있었다. 1893년 7월 에비슨이 조선에
도착했을 때 조선은 정치적으로 매우 불안했다. 청나라, 러시아,
일본이 조선을 놓고 서로 빼앗으려는 시기였다. 정치적 불안은 날로
계속되었고, 국정은 풍전등화같이 언제 어떤 일이 벌어질지 모르는
상황이었다. 1894년 7월 시작되어 다음해 봄에 끝난 청일전쟁은
평양을 초토화하며 일본의 승리로 이어졌다. 청나라가 물러가고
조선 쟁탈을 위해 남은 세력은 일본과 러시아였다. 1895년 여름에는
콜레라가 발병했고, 그해 10월 명성황후 시해사건이 일어났다. 이 두
사건에 에비슨이 어떻게 연계되었는지 살펴보자.

　　그 당시 콜레라는 사람들을 공포의 도가니로 몰고 가는

전염병이었다. 한번 번지기 시작하면 순식간에 그 위력을 보였다.
1887년 수천 명이 쓰러진 적이 있었는데, 1895년 6월에 그 무서운
재앙이 평안도 의주를 시작으로 급속히 퍼져 나갔다. 이를 목격한
언더우드 부인의 회상을 들어 보자.

> 병은 무시무시한 기세로 퍼지기 시작했고, 아침까지만 해도 멀쩡하던
> 사람들이 낮에 송장이 되기도 했으며 한 집안에서 몇 식구가 같은 날
> 죽기도 했다. 이웃에서 이웃으로 병이 번져서 날마다 환자가 불어났다.
> 그 위세는 도저히 걷잡을 수도 없고 한 치의 어김도 없으며 그야말로
> 무시무시했다.[5]

이 무서운 전염병 앞에서 조선 사람들이 할 수 있는 것이라곤
고작 처마에 종이 부적을 달아 놓는 정도였다. 악귀에 의해 생긴다고
믿었기 때문이다. 조선 정부는 방역국을 설치하고 에비슨을 책임자로
임명했다. 에비슨은 청결을 강조하며 국민을 계몽하기 시작했다.
곳곳에 벽보를 붙여 이 병은 세균이라는 미세한 생물에 의해 퍼지며,
물과 음식은 반드시 끓여서 먹고 항상 손을 깨끗이 닦으라고 적었다.
또한 고인 물을 없애고 오물이나 쓰레기를 반드시 치워 주변 환경을
깨끗하게 유지할 것을 당부했다.

그는 예방뿐 아니라 치료에도 앞장섰다. 에비슨을 중심으로
선교사들과 성도들은 주위를 청결하게 하고, 죽어 가는 환자들을
정성을 다해 돌보았다. 그 결과 6주 만에 콜레라는 예상을 뒤엎고
사라졌다. 기적이 아닐 수 없었다. 많은 사람이 죽을 뻔한 상태에서
회복되었고, 이들을 지극정성 돌본 선교사들과 기독교인들의 위상이

올라갔다.

그해 10월 8일 새벽, 일본 병사와 낭인들이 경복궁에 침입하여 명성황후를 살해했다. 조정은 갑자기 친일파 세력에 의해 조종당하고, 왕비를 잃은 고종은 언제 자신도 일본에 의해 독살당할지 모른다는 공포 아래 잠을 제대로 이루지 못했다. 이때 고종을 도와 옆에서 지켰던 사람들이 선교사들이다. 특히 고종은 주치의로 섬기는 에비슨을 의지했다. 곁에서 밤을 새우며 왕을 지킨 선교사들은 언더우드, 허버트 그리고 에비슨이었다. 1896년 2월 11일 고종은 급기야 거처를 러시아 공사관으로 옮겼다. 왕의 주치의로서 이런 과정을 지켜본 에비슨의 심정은 어땠을까? 그의 마음속에 강하게 불타는 것은 교육과 의료사업을 통해 억압된 이 민족에게 힘을 실어 주는 것이었다. 그는 소망을 잃지 않고 꿋꿋이 그 길을 달려갔다. 조선에서의 선교 42년, 그 결과 에비슨은 한국에서 손꼽는 최대 규모의 병원과 학교, 그리고 무수한 제자들을 남겼다.

에비슨은 한마디로 멋있는 사람이다. 이민자로서 근면, 성실을 무기 삼아 온갖 고생을 하며 자수성가했다. 그러나 그는 성공을 자기를 위해 사용하지 않았고 일평생 동안 하나님의 뜻을 이루는 데 바쳤다. 그는 시간을 낭비하지 않기 위해 한 시간을 15분 단위로 나누어 아껴서 목적에 맞게 사용했다. 한번 오는 기회를 놓치지 않으려 했고, 맡겨진 일에는 항상 최선을 다하는 열정적인 사람이었다.

그의 부인 제니도 멋있는 사람이었다. 제니 반스 에비슨Jennie Barnes Avison, 1862-1936은 섬김의 은사를 가졌다. 언제나 미소를 지으며 사람의 귀천을 따지지 않고 누구나 대접하기를 즐거워했다고

한다. 에비슨가에는 선교사뿐만 아니라 조선인 동역자들이 항상
드나들었다고 하는데, 이런 아내와 사별 후 20년을 더 산 에비슨의
은퇴 생활이 얼마나 힘들었을까 감히 짐작해 본다. 에비슨은 일제의
강점을 결코 옹호하지 않았다. 미국 선교사들은 정치적 중립을
지켜야 한다는 미국 정부의 입장이 있었다. 하지만 북장로교에서
파송받은 에비슨은 엄격히 말해서 캐나다인이었다. 그래서 에비슨은
조선의 독립을 위해 큰 노력을 기울였다.

그는 적절한 판단을 내렸다

세브란스 씨의 기부금으로 제중원 확장 문제를 놓고 평양을
베이스로 일하던 같은 북장로교 선교사들과 큰 대립이 있었을
때, 에비슨은 중대한 결정을 내린다. 그는 앞으로 지어질 병원과
의료 사역에 대해 한 치의 양보를 하지 않았다. 일부 선교사들은
그의 생각을 비판했다. 아직 조선 선교가 제대로 뿌리를 내리지도
않았는데, 예수 그리스도의 복음을 순수하게 전하기보다 편리한
서구 문명을 전하는 것이 아니냐는 지적이었다. 그러나 돌아볼 때
그의 판단이 적절했음을 알 수 있다. 여기에 왜 에비슨이 최고 수준의
병원을 고집했는지 그 이유를 더 자세히 들어 보자.
첫째는 연합 정신이었다. 의료 선교사 한 사람으로 할 수
있는 일은 제한적이지만, 의료 선교사 여럿이 힘을 합치면 일인
진료소가 아니라 종합병원을 세울 수 있다는 생각이었다. 힘을
합하여 병원다운 병원을 세우는 일이야말로 선교지에서 하나가 되는

고종 황제가 에비슨에게 내린 족자. 족자에 쓰인 '투양제요제시무함'은
'좋은 약을 지어 주는 것이 요나라 황제 때의 무함이라는 의원과 같다'라는 뜻이다.

좋은 모습이라고 생각했다. 그는 감리교 신도였지만 장로교 파송을 받았기에 선교지에서 특정 교단의 두각을 나타내기보다는 서로 힘을 합하여 주님의 일을 하자는 생각을 했다. 이것은 선교 협정comity에 맞는 생각이었을 뿐 아니라 연합하는 모습을 현지인들에게 보여 줄 기회였고, 힘을 모아 수준 높은 의료 기관을 조선에 세우는 계기였다.

둘째로 그는 한국인의 가능성을 보았다. 선교사가 빠질 수 있는 함정 중의 하나는 현지인들을 과소평가하는 것이다. 문명의 나라에서 왔다는 생각으로 현지를 '미개한' 나라로 간주하고, 현지인을 수동적으로 보며 사역의 대상으로 국한시킬 수 있다. 그러나 제대로 된 선교사라면 현지인을 사역의 대상에서 사역의 주체로 끌어올릴 것이다. 에비슨은 한국인의 가능성을 보았다. 백정 박성춘의 아들 박서양이 충분히 의사가 될 수 있다고 믿었고, 실제로 그를 의사로 만들었다. 한국인을 사랑하기에 그들이 가진 잠재력을 믿어 궁극적으로는 그들을 훌륭한 사역자로 만든 것이다.

셋째는 출구 전략을 세우며 먼 미래를 내다본 것이다. 그는 언제까지나 선교사가 선교지에 남아 있을 것이라고 보지 않았다. 선교사는 어차피 떠날 것이고, 그날을 준비하기 위해서는 수준급 의사진을 배출해야 한다고 믿었다. 그렇다면 어디에도 떨어지지 않는 수준급 의대와 병원 시설이 필요했다. 그는 병원보다 의과대학을 더 중요시했다. 그래서 병원을 의대의 부속으로 생각할 정도로 의사 자원을 만들어 내는 데 우선순위를 두었다. 먼 미래를 내다보며 출구 전략을 세운 것이다.

에비슨은 조선을 진심으로 사랑했다. 그가 조선에 남긴 것은 자생할 수 있다는 정신이었다. 세브란스 병원 원장직을 내려놓고 은퇴할 때, 그의 의사 아들 더글러스가 충분히 아버지의 뒤를 이어 원장을 물려받을 수 있었지만, 그는 철저하게 선을 그었다. 현지인 오긍선 박사를 불러 그 자리를 넘겨준 것이다.

일제의 지속적인 압박 가운데 분위기가 나빠지자 에비슨은 조선을 떠나기로 결심한다. 작별인사는 1935년 12월 어느 날 종로 한 식당에서 있었다. 에비슨 부부를 위한 환송 만찬에서 250명이 넘는 각계각층 인사들이 모여 그의 떠남을 아쉬워했다. 그중 윤치호가 유창한 영어로 고별사farewell speech를 읽었다.

> 박사님은 ··· 우리의 기억에 영원히 남을 3개의 기관, 세브란스 병원, 의과대학, 그리고 조선 기독교 연합대학(연희전문)을 남기셨습니다. 그러나 무엇보다 소중한 기념비는 박사님의 업적을 수천 배로 늘려 영원히 이어 갈 이들 대학의 졸업생들과 병원에서 치료의 혜택을 입을 환자들입니다. 우리의 친구 당신이 떠나면, 우리 마음에는 그 누구도 채워 줄 수 없는 빈자리가 남을 것입니다. 박사님의 동상도, 아드님들도, 졸업생들도 그리고 병원의 환자들로도 채워 줄 수 없는 그 빈자리 말입니다. ··· 우리 다시 만날 때까지 하나님이 함께하시길 기원합니다.**6**

에비슨의 나이가 76세였다. 수많은 사람의 배웅을 받으며 그는 조선을 떠났다. 시작이 있으면 끝이 있는 법이다. 중요한 것은 시작과 끝 사이에 무엇을 남기고 가느냐이다. 에비슨으로 인해 한국의 의술은 커다란 도움을 받았다.

에비슨은 미국 플로리다 세인트피터즈버그에서 은퇴의 삶을

살다가 1956년 만 96세의 일기로 삶을 마쳤다. 그때는 이미 사랑하는
나라 '조선'이 일제 강점기를 벗어나 8.15 해방을 맞았고, 이어서 6.25
전쟁도 다 치르고 난 후였다. 그의 시신은 20년 전 먼저 하나님 품으로
떠난 제니가 묻힌 캐나다 온타리오주 스미스폴스의 공동묘지에
안장되었다. 1893년 33세에 내한해서 1935년 75세에 은퇴하기까지
그는 42년이라는 긴 시간을 조선의 복음화와 근대화를 위해 바쳤다.
그의 조선 사랑은 당대에서 끝난 것이 아니라 그의 자녀들로
이어졌다. 일곱 자녀 중 셋은 부모의 뒤를 이어 한국에서 선교했다.
특히 모친의 태중에서 태평양을 건너와 부산에서 태어난 넷째 아들
더글러스 에비슨은 아버지의 뒤를 이어 세브란스 의학전문학교의
소아과 교수, 병원장, 부교장을 역임하고 캐나다로 돌아가 하나님의
부르심을 받았다. 평소 유언에 따라 더글러스 부부의 유해는
양화진에 묻혔다.

　　올리버 에비슨를 생각하면 디모데후서 4장 5절에 나오는
말씀이 생각난다. "그러나 너는 모든 일에 신중하여 고난을 받으며
전도자의 일을 하며 네 직무를 다하라." 그에게 잘 어울리는 말씀이다.
그는 온갖 반대를 무릅쓰고 조선에 최고의 의료진과 의료 시설을
갖추기 위해 끝까지 수고했다. 그 결과 당시 동아시아 최고 수준의
병원을 지을 수 있었고, 그가 원했던 대로 실력 있는 의사를 배출하는
소중한 발판이 되었다. 한 사람의 적절한 판단이 궁극적으로 현지에
유능한 의사를 배출하는 교육 시스템을 만든 셈이다. 위 성경
구절에서 "네 직무를 다하라"라는 말씀이 특히 그에게 잘 어울린다.
토론토대학 의대 교수 출신으로서 그는 다른 선교사가 보지 못하는
의료 교육의 중요성을 절실히 깨닫고 질병을 고쳐 주는 의사가

되기보다는 질병을 고쳐 주는 의사를 많이 양성하는 길을 택했다.
이 땅에 태어나서 하나님께서 주신 그 직무를 마지막 순간까지
최선을 다해 수행한 에비슨의 헌신을 통해 오늘도 나는 남은 삶을
어떻게 살아야 할지 고민하게 된다.

> 그러나 너는 모든 일에 신중하여 고난을 받으며
>
> 전도자의 일을 하며 네 직무를 다하라 딤후 4:5

서서평

ELISABETH J. SHEPPING, 1880-1934

간호사로서 소외받은 사람들을 섬기는 데
평생을 바쳤으며, 여러 고아들을 입양하여 키웠다.
조선 간호사 육성을 위한 조선간호부회,
조선 여성들을 위한 광주 이일학교(한일장신대)와
부인조력회를 창설했다.

서서평 ELISABETH J. SHEPPING. 1880-1934

1880 　9월 26일 독일 브시바덴 코블렌츠에서 태어남.
1889 　보호자 할머니가 돌아가시자 재가한 어머니를 찾아 뉴욕으로 감.
1901 　뉴욕 세인트 마가병원 간호전문학교 졸업.
1903 　그리스도를 영접함, 이로 인해 어머니는 서평과 절연을 선언함.
1911 　간호사로 일하며 뉴욕성서교사훈련학교와 컬럼비아사범대학을 졸업함.
1912 　선교사로 부르심을 받고 남장로교 파송으로 조선에 도착.
1914 　군산 구암예수병원 근무, 간호사 양성학교에 대한 비전 시작.
1917 　세브란스병원 간호학교 책임자로 일하며 한글로 최초 간호 교과서 저술.
1919 　순천, 제주 지역에서 부인반 성경공부 인도.
1923 　조선간호부회 창립(10년간 회장직).
1926 　로이스 닐의 지원으로 불우한 여성을 위한 광주 이일학교 건축.
1928 　조선간호부회 총회에서 구제의 중요성을 호소.
1934 　6월 26일 130일간의 투병 끝에 광주에서 하나님의 부르심을 받음.

버림받아도
한없이 사랑할 수 있을까?

　　자유의 여신상이 서 있는 뉴욕 리버티섬에서 약 800미터
북쪽에 '엘리스'라는 자그마한 섬이 있다. 이곳은 1954년까지
1,000만 명이 넘는 유럽 이민자들이 입국 절차를 밟았던 곳이다.
1889년 어느 날, 이 섬에 한 어린이가 독일에서부터 엄마를
찾아왔다. 어머니가 살고 있다는 곳의 주소를 달랑 손에 쥔 채 혼자
대서양을 건너온 것이다. 그 아이의 이름은 엘리자베스 쉐핑, 훗날
서서평이라는 이름으로 조선의 버림받고 병든 자들을 돌보다가 생을
마친 선교사이다.
　　서서평. 그런데 왜 이 이름이 우리 귀에 익숙하지 않을까?
그나마 2017년에 나온 영화 〈서서평, 천천히 평온하게〉가

아니었다면 역사 속으로 더 깊숙이 감추어졌을지 모른다. 정말
미안한 느낌이 든다. 전라도에 가면 그녀가 남긴 흔적이 있다. 특히
광주 나병원, 여수 애양원, 소록도 갱생원같이 한센환자들이 있는
곳에는 아직도 그녀의 손길이 묻어 있다. 병든 자와 가난한 자를
향해 지대한 관심을 가졌던 서평, 불쌍한 사람을 보고는 그대로
지나칠 수 없어 한밤중에도 자다가도 나가서 도와주던 서평이었다.
매월 선교사 사례를 받는 날이면, 다리 밑에 사는 거지들을
찾아가 목욕탕으로 데려가고, 옷을 사 입히고, 맛있는 음식을
사주던 서평이었다. 윤락 여성들을 구출해 딸로 삼고, 그들에게
예수 그리스도의 복음을 전했으며, 새사람이 된 그들을 예수 믿는
가정으로 출가시키기도 했다.

　　서평은 개인적인 구제나 전도뿐 아니라 여러 사람과 함께
협회나 단체를 세우고 지도자를 세우는 일에도 탁월했다. 여성에
대한 관심이 아직 적던 시절, 서평은 여성 리더십을 세우려고 부단히
노력했다. 여성 전도자인 '전도부인Bible Women'을 양성하는 학교를
세워 한글을 가르치고, 이어서 성경을 가르쳤다. 그것이 바로 1922년
광주에 세운 이일성경학교이며 오늘의 한일장신대이다. 또한 간호사
출신인 서평은 조선간호협회를 세우고 세계간호협회의 정식 멤버로
가입하기 위해 노력했다. 당시에 일본도 아직 멤버가 아니었기
때문에 일제의 방해는 극심했다. 결국 그 꿈을 이루지는 못했지만,
그녀는 나라 잃은 우리 민족을 위해 물심양면으로 최선을 다한
고마운 사람이다.

서서평은 버림받은 사람이었다

　서서평은 1880년 독일 비스바덴 코블렌츠Koblenz에서 태어났다. 그녀의 아버지에 대해서는 별로 알려진 바가 없고, 어머니는 미국으로 재가하면서 어린 서평은 할머니 손에서 자랐다. 그러나 그것도 오래가지 못했다. 서평이 아홉 살 때 할머니가 돌아가시면서 어쩔 수 없이 어머니를 찾아 뉴욕에 오게 된 것이다. 뉴욕에서 고등학교를 졸업하고 간호전문학교를 나와 간호사가 된 서평은 브루클린에 있는 유대인병원the Jewish Hospital에서 일하며 소외된 자들에 대한 관심을 갖게 된다. 아마도 본인이 어려운 환경에서 자랐기 때문에 약자에 대한 관심을 일찍이 가졌으리라 추측한다. 서평은 자투리 시간을 활용하여 유대인 결핵 요양소와 이탈리아인 이민자 수용소에서 봉사했다. 시간을 아껴 쓰며 매사에 최선을 다하는 신실한 성품을 가졌던 그녀는 밤에는 간호사로, 낮에는 학생으로 신학과 교육학을 열심히 공부하며 20대 청년기를 알차게 보냈다. 그 당시에는 몰랐지만, 모든 것을 준비하도록 하신 분은 하나님이셨다. 이때 그녀가 공부한 간호학, 신학, 교육학은 훗날 조선에서 의료선교, 전도 활동, 그리고 성경학교 사역으로 이어졌기 때문이다. 모든 준비 과정을 마치고, 32세의 독신 선교사로 조선에 부르심을 받아(1912년) 사역하다 병사로 하나님 품에 안길 때(1934년)까지, 그녀는 모든 것을 바쳐 조선 사람들을 섬긴 한국의 나이팅게일이었다.

　이렇게 되기까지는 그녀의 삶을 바꾸어 놓은 주님과의 인격적 만남이 있었다. 23세 때 친구의 권유로 개신교 교회에 처음

이일학교 교장실에 앉아 있는 서서평.

출석한 후, 서평은 예수 그리스도의 십자가가 주는 참된 의미를
깨닫게 되면서 주님을 마음에 영접했다. 형식적이 아닌 인격적인
하나님을 체험하면서 그의 삶에는 하나님을 향한 새로운 방향이
설정된 것이다. 더 이상 천주교 신자가 아니라 개신교로 개종했음을
선언하자, 그의 어머니는 서평을 가차 없이 버린다"I disown you!".
어머니는 이미 결혼하여 미국으로 건너갈 때 어린 딸을 버렸는데,
이번엔 개신교로 개종했다는 이유로 다시 딸을 버린 것이다. 서평은
어머니의 사랑을 늘 그리워했다. 원치 않게 어머니와 이별하고
20년이 지나 잠시 뉴욕을 방문할 기회가 생겼을 때, 서평은
그리워하던 어머니를 다시 찾았다. 하지만 그때도 어머니는 모질게
딸을 거절했다. 남루한 옷을 입고 찾아와 창피했다는 것이다. "내
눈에 보이지 말고 어서 가라" 하고 문전박대하며, 선교지에서 찾아온
딸의 가슴에 다시 한번 못을 박았다.

　　서평의 삶에서 '버림받다'라는 단어는 매우 의미심장하다.
태어나서 한 번도 '아버지'라고 불러 본 적이 없고, 그나마 어머니라
부를 수 있는 사람에게서는 여러 차례 버림을 받았다. 그러나 서평은
인생을 비관하지 않았다. '버림받음'의 아픔을 승화시켜 버림받은
자들을 사랑하는 일에 모든 에너지를 쏟아부었다. 밤에는 간호사로
일하고, 낮에는 8년 넘게 신학교(오늘의 뉴욕신학대학)와 사범대학(오늘의
컬럼비아대학교)을 다닌 이유가 있다. 집에서 쫓겨나 원망과 좌절의
삶을 택하기보다는 인생 역전의 삶을 설계했다. 어느 날 '조선의
병원에 훈련된 간호사가 필요하다'는 소식을 들었을 때 서평에게는
조선 선교사로 헌신하리라는 강한 마음이 생겼다. 감사하게도 그는
남장로교 선교부에 지원한 여러 지원자 가운데 선정되어 파송받는

기쁨을 누렸다. 드디어 1912년 2월, 샌프란시스코항을 출발한
서평은 한 달의 여정 끝에 조선에 도착한다. 그렇게 서평은 목포에서
선교사의 삶을 시작하여, 앞으로 숨이 닿는 마지막 순간까지 22년을
낮고 낮은 곳에서 섬긴다.

현지인처럼 살려고 노력하다

　남장로교단은 당시 선교지 분할 협정에 의해 충청도 일부와
전라남북도 및 제주도를 맡게 되었는데, 남장로교단 파송자인
서평은 목포 선교부 산하 광주 소속으로 일하였다. 그에게 주어진
첫 번째 사역은 광주 제중원 간호사 일이었다. 선교사가 입국하면
언어 습득이 먼저인데, 얼마나 인력이 부족했는지 서평은 일과 언어
수업을 동시에 진행해야 했다. 선교사의 필수 자격을 말한다면 언어
습득 능력일 것이다. 현지 언어를 자유롭게 구사해야 그들의 생각과
정서를 이해할 수 있고, 나아가서는 세계관까지도 깊이 들여다볼
수 있다. 서평에게는 놀라운 언어 습득 능력이 있었다. 어려서는
독일어를, 그리고 아홉 살 때부터는 영어를, 이제 서른두 살이
되어서는 조선어를 추가로 배우면서 동시에 한자와 일본어까지 배워
갔다. 일제는 모든 공교육을 일본어로 진행하라고 강요했기 때문에
어쩔 수 없이 일본어를 배워야 했다.
　서평은 현지인처럼 살려고 최대한 노력했다. 한복에 검은
고무신을 신고 다녔고, 멀리 전도 여행을 갈 때는 조랑말을 탔다.
집에서는 된장국을 즐겨 먹으며 한국 사람들과 거리를 좁히려고

노력했다. 사람들은 이런 노력을 모를 리 없었고, 자연히 서평의
검소한 모습은 다른 선교사들의 삶과 비교되었다. 그 당시
선교사들은 대체로 서양의 생활 수준을 유지하려 했기 때문에
서평의 단순하면서 검소한 삶은 많은 차이를 보였다. 우리가 잘
아는 언더우드 선교사의 경우 사업가 형의 도움으로 따뜻한 물이
이층까지 공급되는 서양식 집을 짓고 살았다.[1] 자연히 일반인들과
구별된 삶을 살았고, 선교사에 대한 일반적인 견해는 '우리와는 다른
사람들'이었다. 이에 비해 서평은 현지인처럼, 아니 현지인과 함께
살았다. 어떻게 보면 기존 선교사들과는 반대의 길을 걸었다. 매월
선교부에서 사례비가 전달되면 한 달 먹을 밀가루 살 돈만 남기고,
나머지를 양림동 다리 밑에 사는 거지들을 위해서 사용했다. 이때가
되면 거지 20-30명을 데리고 목욕탕으로 데려가고, 장터에서
가서는 옷 한 벌씩을 사 입히고, 마지막으로 식당에서 음식을
대접했다고 한다.

　서서평은 정말 대단한 사람이다. 우리가 기억해야 할 것은,
선교사라고 해서 누구나 다 서서평처럼 모든 것을 나누고 베풀지
않는다는 것이다. 이런 일은 가난하고 소외된 자들에 대한 특별한
마음이 없는 한 불가능하다. 서서평의 심령은 가난했고, 애통하는
마음이 있었고, 의에 주리고 목말랐다. 그는 소외된 자들을 긍휼히
여겼으며, 마음이 청결했다. 항상 화목하려고 노력했고, 주를 위해
핍박을 받아도 잘 참았다.

심령이 가난한 자는 복이 있나니 천국이 그들의 것임이요
애통하는 자는 복이 있나니 그들이 위로를 받을 것임이요

온유한 자는 복이 있나니 그들이 땅을 기업으로 받을 것임이요

의에 주리고 목마른 자는 복이 있나니 그들이 배부를 것임이요

긍휼히 여기는 자는 복이 있나니 그들이 긍휼히 여김을 받을 것이요

마음이 청결한 자는 복이 있나니 그들이 하나님을 볼 것이요

화평하게 하는 자는 복이 있나니 그들이 하나님의 아들이라 일컬음을

받을 것임이요

의를 위하여 박해를 받은 자는 복이 있나니 천국이 그들의 것임이라

(마 5:3-10)

서평의 마음은 이미 산상수훈에 나오는 천국 시민의
마음이었다. 자신을 비우고 그리스도로 채우는 마음이 있었다.
서서평 선교사가 하나님의 부르심을 받았을 때, 그가 입양했던
고아들과 양림동 다리 밑에 사는 거지들이 상주가 되고, 광주
거지들이 장례 행렬을 줄지어 갔다니, 그야말로 그는 없는 자의
위로자요 버려진 자의 어머니였다. 그가 하나님 품으로 가면서 남긴
전 재산은 밀가루 세 홉이었다. 마지막으로 그는 자신의 몸마저 의료
연구에 사용하도록 기증했다. 서서평의 삶과 사역을 재조명하면
한 가지 놀라운 점을 발견한다. 조선에서 그가 보여 준 복음 중심적
삶은 누구 못지않게 균형 잡힌 그리스도인의 삶이라는 것이다.
실천이 있는 영성, 영성이 있는 실천이다. 이제 우리는 서평이 우리
민족을 위해 수고한 교육, 의료, 전도, 지도자 양성 방면에서 어떤
감동과 열매를 남겼는지 알아보자.

이일학교를 설립하다

조선에 와서 서평이 안타깝게 느낀 것은 여성의 위치였다.
제대로 교육받은 여성을 찾기 힘들었고, 대부분은 한글조차 읽지
못하는 형편이었다. 이름도 없어 '누구의 엄마'아니면 '누구의
아내'로 통하는 그런 시대에서 그들 고유의 정체성이 없는 삶이었다.
서평은 이런 사람들에게 먼저 이름을 지어 주어 정체성을 갖게 했고
인격의 중요성과 무시 당하지 않는 삶을 살도록 계몽해 주었다. 또한
가난해서 학교에 못 가는 여성, 무식하다고 남편에게 소박당한 여성,
성매매로 낙인 찍힌 여성 등등을 모아 교육을 시작했다. 15세부터
40세까지 자기 방으로 초대했다. 그러나 학생 수가 늘면서 개인 방을
교실로 사용하기에는 한계가 있었고, 누군가의 도움으로 학교가
세워지기를 기다렸다.

드디어 미국 후원자 로이스 닐Lois Neel의 도움으로 1926년 광주
양림 뒷동산에 붉은 벽돌로 지은 3층짜리 건물에 교실 4개와
사무실을 갖춘 서양식 건물을 지었다. 기증자 이름을 따서 광주
이일학교the Neel Bible School라고 명했다. 이 지역에 최초의 여성 학교가
탄생한 것이다. 보통과와 성경과로 나누어 여성들을 계몽했다.
보통과는 70-80명, 성경과는 30명 정도가 공부했고, 이들을 위한
기숙사도 지었다. 서평은 선교사 생활비로 받은 월급을 미련 없이
내놓으며 헌신적으로 학생들을 섬겼다. 무엇보다 학생들의 자존감을
높이기 위해 바느질과 자수를 가르쳤다. 이런 일을 할 때
하나님께서는 귀한 동역자를 붙여주셨다. 자수를 가르치는 선교사
부인, 수예품을 후원자들에게 팔 수 있도록 다리를 놓는 자원자들이

서서평이 사랑한 광주 이일학교 학생들.

미국에 생겼다. 판매 수익은 학생들의 학비와 기타 경비에 도움이
되었다. 또한, 양림동 일대에 4천여 뽕나무 그루를 심어 잠업 기술도
가르쳤다. 잠업을 배우는 것은 그 당시 획기적인 시도였다. 소문을
듣고 먼 만주에서까지 학생들이 왔고, 정부도 훈장을 줄 정도였다.

　　이일학교와 연관되어 전남 함평군 대동면에 사는 한 소녀의
이야기가 전해 내려온다. 백정이었던 아버지는 일찍 돌아가셨고,
어머니는 품행이 방정하지 못한 탓에 소녀의 앞길까지 막았다.
공부를 하고 싶지만, 앞 길이 열리지 않는 딱한 사정을 들은
광주제일교회 집사가 서서평 선교사에게 자세한 사연을 보냈더니
이런 답장이 왔다.

　　하나님 앞에서는 직업의 귀천이 있을 수 없으며, 어머니의 부정이
　　딸에게 무슨 상관입니까. 예수님께서 이 땅에 오신 것은 그런 사람을

구원하시기 위해서였습니다. 건강한 자에게는 의원이 필요 없고
예수께서는 잃어버린 양을 찾으러 오셨다고 하지 않았습니까. 내가
이렇게 기쁜데 하나님께서는 얼마나 기쁘실까요? 즉시 보내십시오.[2]

　이 답장에서 서평은 '집사님 고맙습니다'를 열 번이나 썼다고
합니다. 소개한 집사가 고마운 것이 아니라, 소개를 받은 서평이
고맙다고 했다. 무엇이 그렇게 고마웠을까? 서서평 선교사의
답장에서 우리는 그녀의 적극적인 태도를 볼 수 있다. 한 소녀의
갇혀 있는 삶을 풀어 주어 그의 앞길을 활짝 열어 주고 싶은 마음이
서평에게 있었다. 그래서 학생을 소개해 준 집사님에게 열 번을
고맙다고 한 것이다.
　1934년 서평이 하나님의 부르심을 받을 때까지 이일학교는
4회의 보통과 졸업생들과 8회의 성경과 졸업생을 배출했는데, 그
수가 족히 수백 명은 된다. 이들은 전도부인이 되어 여러 지역으로
흩어져 수만 명의 주일학교 학생들을 가르쳤다. 대부분 이름도
없이 빛도 없이 담대히 전도자의 사명을 감당한 사람들이다. 서평이
하나님의 부르심을 받은 후에도, 이일학교는 동일한 목적으로
운영되다가 1941년 9월, 신사참배를 거부한다는 이유로 폐교당한다.
공교롭게도 그해는 학교 역사상 가장 많은 입학생이 있었던
해였는데 문을 닫아야 했다. 그러나 해방 후, 한국전쟁의 아픔을
딛고 이일학교는 다시 일어났다. 그리고 지난 1961년 전주의 한예정
성경학교와 광주의 이일학교가 합쳐져 전주 한일신학원으로, 그리고
현재의 한일장신대로 발전했다.

간호협회를 만들다

   뉴욕에서 서평은 간호사였다. 선교지에서도 간호사역은
그녀의 선교에 가장 중요한 획을 그었다. 뉴욕주 간호사 자격증을
소지한registered nurse 서평은 내한하자마자 광주 제중원(현재 광주
기독병원)에서 간호사역을 시작했다. 그리고 군산 구암예수병원에
이어, 세브란스 병원을 오가며 환자 간호뿐만 아니라, 간호사 훈련 및
육성에 전력을 다했다. 그는 평소 성격이 활달하고 급했으며,
뛰어난 조직력과 추진력을 갖추었다고 한다. 서평이 첫 간호사역을
맡았던 광주 제중원은 남장로교 선교부에서 파송한 놀란J. W. Nolan
선교사에 의해 1906년에 시작했고, 1908년부터 2대 원장 우월순
R. W. Wilson 선교사에 의해 크게 발전했다. 병원 일이 많아지자, 일손이
절대적으로 모자랐다. 이제는 간호사 선교사가 필요한 것이 아니라
간호사를 양성할 선교사가 필요했다. 특히 광주와 군산 지역에
늘어나는 한센환자를 치료하기 위한 훈련된 간호사가 필요했는데
이를 위해 누군가가 간호사 양성을 해야만 했다. 1914년 서평이 군산
구암예수병원으로 이임되었을 때 이미 그의 마음속에는 간호사를
양성해야 한다는 신념이 가득 차있었다. 한국에 온 지 불과 2년밖에
되지 않았지만, 그의 눈에는 자신이 간호사로 모든 환자를 직접
돌보는 것보다는 간호사 양성학교를 세우는 것이 결과적으로 더
바람직하다는 것을 인지했다. 이는 간호학뿐만 아니라 교육학을
전공했기 때문에 볼 수 있는 관점이었다.
   군산 지역에 간호사 학교를 세우게 해달라는 서평의 요청에
미국 남장로교 선교부는 세브란스병원에 간호사 훈련 학교를 세울

계획이니 한쪽으로 힘을 모아 달라는 답을 받았다. 그래서 서평은
1917년부터는 서울에 있는 세브란스 병원에 파견되어 간호사
일과 간호학교 책임을 동시에 맡았다. 선교지로 나오기 전 배웠던
간호학과 교육학이 이렇게 쓰임을 받게 된 것은 결코 우연히 일어난
일이 아니라 미리 준비시키시는 하나님의 섭리였다는 확신을
가졌다.

　　조선어에 능통했던 서평은 조선 최초의 간호 교과서를 저술했다.
《간호 교과서》,《실용 간호학》,《간호 요강》,《간이 위생법》등을
직접 집필하고, 그 외에도 주요 간호학 교과서를 번역했다. 그녀는

1918년 세브란스 간호사 양성소 졸업 기념사진. 왼쪽에서 여섯 번째가 서서평, 맨 오른쪽이 에비슨이다.

뛰어난 조직력으로 조선간호부회를 만드는 데도 일조했다. 1923년
서평은 대한간호협회 전신인 조선간호부회를 창립하여 10년간
회장직을 맡았다. 아직 일본간호협회도 정식 멤버로 가입되어 있지
않은 국제간호협회International Council of Nurses에 등록하기 위해 무던히도
노력했다. 제6차 총회가 열리는 캐나다 몬트리올까지 찾아갈
정도였다. 1929년 7월 8일부터 13일까지 열리는 총회에 서평은
그녀가 가르친 제자 이효경과 이금전을 대동했다. 그리고 이 기회를
통해 조선은 엄연히 일본과는 다른 나라임을 만방에 알렸다. 참고로
서평과 동행했던 이금전은 회의를 마치고 토론토대학에 입학하여
공중위생학을 공부하고 한국 공중위생의 지도자가 되었다. 그는
1954년부터 1958년까지 대한간호협회장으로 섬겼고, 1959년
제17회 나이팅게일 수상자가 되었다. 서서평이 살아서 제자들이
활동하는 모습을 보았다면 얼마나 기뻐했을까? 여성을 위한
서서평의 사역은 매우 다양하게 이루어졌다. 간호사 배출뿐 아니라,
앞서 언급한 여성 복음화와 여성 신장을 위한 이일학교 설립부터
여성 운동의 견인 역할을 한 부인조력회 창설에 이르기까지, 그는
여러 사업을 통해 한국 여인의 긍지를 심어 주었다.

가난한 자들과 함께 살다

서서평은 1928년 평양에서 열린 조선간호부회 총회에서
기독교인의 삶과 구제의 중요성에 대해 설교했다.

'제 아무리 십자가를 드높이 치켜들고 목이 터질 만큼 예수를
부르짖고 기독교 신자라고 자처한다 할지라도 구제가 없다면 그것은
참 기독교인이 아닙니다.'

서서평은 구제를 생활화했다. 즉 1년에 몇 차례 벌이는
사업이 아니었다. 구제는 바로 그녀의 삶이었고, 기독교인으로서의
신앙고백이었다. 주님 사랑이 이웃 사랑으로 구체화된 것이다.
하루는 서평이 한밤중에 이일학교 교사 이봉림을 불렀다. 어디론가
동행해 달라는 것이었다. 앞장선 서평이 찾아간 곳은 광주천 부동교
밑 자갈밭 위의 한 움막집이었다. 추운 겨울밤을 떨고 지내던 백발의
노인에게 본인이 사용하던 이불을 건네주기 위해서 간 것이었다.
서서평은 이불을 전해 주고 조용히 집으로 돌아왔다. 이렇게 서평은
춥고 배고픈 사람을 보면 그냥 지나치지 않고 자신이 가진 마지막
담요까지도 챙겨 주는 그런 사람이었다. 서평에게서의 구제는
생활의 한 부분이었고, 몸에 밴 그리스도의 사랑의 표현이었다.
그녀에게 있어 '선행'이란 예수 믿는 사람들이 해야 할 의무나
도리이기 전에 자연스러운 삶, 그대로의 모습이었다. 이를 본
조선인들은 부끄러움을 감출 수 없었다. 그날 밤 서평을 따라나섰던
이봉림도 어디 좋은 곳으로 가는가 하여 깨끗한 옷에 구두를 신고
나왔다가 다리 밑 거지에게 담요를 나누어 주는 서평을 보면서 몹시
부끄러워했다.

서평은 자신의 월급을 매번 아껴서 주린 자들과 나누었을 뿐
아니라, 고아 13명을 딸로 삼아 입양했다. 한센환자의 아들 요셉도
입양하여 직접 키웠다. 요셉의 친모는 요셉을 낳다가 제왕절개

수술로 죽었고, 요셉의 아버지는 갓 태어난 아기를 다음 날 아침
강에 버리려 했는데, 서평이 간신히 설득해 자신의 집으로 데려간
것이다. 서평은 최선을 다해 아이를 키웠지만, 요셉은 자라며 수시로
말썽을 피워 선교사의 마음을 아프게 했다고 한다.

　　서평의 구제 사역을 말할 때 우리는 한센병 환자들을 향한
그녀의 특별한 사랑을 빼놓을 수 없다. 한센환자는 버림받은
인생이었다. 서평은 이런 사람들을 잘 돌보았을 뿐 아니라, 그들에
대해 거리를 두는 성도들에게 올바른 마음을 가질 것을 가르쳤다.
나와 내 자식만 배불리 먹으면 된다는 생각에서 벗어나, 외롭고
소외된 자들을 섬기는 삶을 살아야 한다고 강조했다. 요즘 자주
듣는 '선교적 삶missional life'이다. 서평은 이미 자신의 희생적 삶을
통해 선교적 삶이 무엇인지를 가르쳤다. 한번은 한센환자들이
무시당하는 것을 참지 못해 서평은 환자들을 동원해서 조선총독부를
향해 시가행진을 했다. 그때 함께했던 환자의 수가 무려 530명이나
되었다고 한다. 마침내 조선총독부는 그들의 호소를 듣고 소록도에
갱생원을 지어 주겠다는 약속을 했다. 버림받은 사람들의 대변자가
되어 준 서평 때문이었다. 1930년 8월 7일 미국에서 안식년을 마치고
조선을 향해 출발하던 날, 서평은 이렇게 호소했다.

> 조선의 모든 한센병 환자들을 위해 사용하고 돌보게 된다면 미국에서
> 여성들이 피우는 담뱃값만으로도 수많은 영혼들을 구원할 수 있을
> 것이며 그러한 재앙도 사라질 겁니다. 그러나 우리 미국인들은 사회적
> 정신을 거의 잃어버렸기에 조만간 큰 대가를 치르게 될 것입니다.[3]

서평의 삶을 들여다보면 우리 모두가 부끄러워진다. 좀 더
이웃을 돕지 못한 부끄러움이다. 만일 우리가 부끄러움조차도
느끼지 못한다면 문제는 더 심각하다. 우리에게 심각한 문제가
있기 때문이다. 서서평의 전기를 쓴 양창삼 교수는 서평이 자신에
대해 얼마나 검소했고, 가난한 사람들을 위해 얼마나 관대했는지를
이렇게 정리했다.

> 가난한 자를 위한 구호활동을 많이 했다. 결코 풍족해서가 아니었다.
> 동료 선교사들에게는 식모뿐 아니라 유모를 고용하거나 자녀교육비,
> 심지어는 애완견의 사육비까지 지급되었다. 선교사의 하루 식대가
> 3원인데 반해 서평의 하루 식대는 언제나 10전이었다. 다른 선교사의
> 생활비의 30분의 1로 하루하루 자신의 목숨만 근근이 버텨온 셈이다
> … 결국 영양실조에 걸릴 수밖에 없었다. 중병에 걸렸을 때도 과부
> 35명의 생활비를 혼자 부담하고 있었다. 처녀의 몸으로 죽기까지
> 삶을 불태운 후 그에게 남겨진 재산은 오로지 현금 7전이 전부였다. **4**

1928년 5월 10일, 서평은 평양에서 열린 조선간호부회
총회에서 설교할 기회가 있었다. 평소 그녀가 갖고 있었던 청빈
사상을 나누는 자리가 되었다. 비록 서양 태생이지만, 동양의
청빈 사상을 더 좋아한다며 말문을 열었다. 예수님도 머리 둘 곳도
없다고 하셨는데, 우리도 청빈 사상을 받아들여야 한다고 강조했다.
그러면서 '쓰레기통과 재물은 쌓이면 쌓일수록 추잡해진다'는 일본
속담을 기억하자고 했다. 서평은 끝까지 나누고 퍼주는 삶을 살았다.
그녀가 덮었던 마지막 담요까지도 반으로 잘려, 반은 시신을 덮는

데 쓰이고, 반은 다리 밑에 춥게 자는 사람에게 건네졌다. 130일간의
투병을 마치며 그녀가 남긴 유언은 "호흡만 거두면 시체를 해부하여
내 장기를 의학 연구자료로 삼으십시오"였다. 병명을 모르고
시름시름 앓았기 때문에도 해부해서 병명을 밝히고 다시는 자신과
같은 병으로 죽는 사람이 없게 해달라는 뜻이었다. 운명 후 해부
결과, 사인은 영양실조였다.

서평은 전도자였다

서평의 삶에서 가장 두드러지게 나타나는 것은 예수
그리스도의 복음을 전파하겠다는 의지였다. 그녀에게 있어 교육
사역, 간호 사역, 구제 사역 모두가 중요했지만, 결국 이 모든 것의
초점은 예수 그리스도의 복음이었다. 그는 복음을 들고 조랑말을
타고 길도 제대로 나지 않은 곳을 다녔다. 한번은 서평이 타고 있던
조랑말이 깊은 산에서 호랑이 같은 맹수의 소리를 듣고 도망을
쳤다. 다친 몸을 끌고 간신히 계곡을 빠져나와 한적한 집을 찾았다.
비좁은 방에서 일곱 식구와 함께 잠을 청해야 했다. 감사하게도
친절한 주인을 만나 다음 날 가마를 타고 그녀와 성경공부를 하기
위해 기다리던 여인들에게 안전히 갈 수 있었다.
서평의 전도 열기는 대단했다. 한번은 제주도에 말씀을 전하기
위해 목포에서 54시간 동안 배를 타고 갔던 적이 있다. 동행했던
스윈하트 선교사는 그 항해가 얼마나 어려웠는지를 이렇게
기록했다.

밤이 어두워지자 비가 내리기 시작했고 극심한 절망 가운데 우리는
승강구를 따라 아래에 있는 숨 막히는 방으로 내려갔습니다. 바람이
일어나 깨지기 쉬운 계란 껍데기처럼 배를 흔들어 댔습니다. 서평
양은 죽도록 뱃멀미를 했으며 나는 밤새도록 현창을 열어 그로 하여금
신선한 공기를 마시도록 도와주었습니다.[5]

복음 전파를 위해 서서평이 한 노력으로는 부인조력회와
확장 주일학교Extension Sunday School를 빼놓을 수 없다. 부인조력회는
오늘날의 여전도회와 같다. 여신도를 전도하는 사람으로 훈련시켜
교회를 돕겠다는 취지로 세워진 것이다. 부인조력회가 나중에는
총회 승인을 얻어 전국적으로 조직된다. 확장 주일학교는
교회학교가 없는 곳에 교사들을 파송해서 어린이들에게 말씀을
전하는 사역이다. 이런 사역을 통해 많은 교회가 개척되었다.
　　서평은 무엇보다도 말씀 전파에 최선을 다했고, 이어서 남는
시간을 간호 사역과 번역 사역에 바쳤다. 한 예로, 1922년 6월 5일
자로 된 서평이 남장로교단 선교부에 보낸 보고서의 결론을 보면
그녀의 사역이 일목요연하게 나열되어 있다.

지난해[1921년] 저의 사역은 다음과 같습니다.

1. 전도—4명의 전도부인을 훈련시킴. 103일 동안에 걸친 지방 순회.
2. 교육—10개의 변두리 지역 공부반. 29일간에 걸친 성경 강습.
성경반은 광주에서 10일, 목포에서 10일, 제물포에서 14일 동안의
강습. 10일 동안 부인들을 위한 주간 강좌.

3. 간호—솔내[황해도 장연 군]와 광주에서 간호사역 30일. 시골
변두리에서 수백 건 치료.
4. 구조—한 명의 어린 기독교인 과부, 병원 고아.

무엇을 깨닫고 무엇을 배울 것인가?

한일장신대의 전신인 이일성경학교로 시작해서 조선 여성을
교육한 교육자, 한국간호학회의 어머니, 여전도회 설립자, 최초의
간호학 서적 집필자—서평은 여러 분야에서 개척 정신을 보여
주었고, 온전한 복음과 통전적 선교가 무엇인지를 명확하게 보여 준
선교사였다. 선교사 서평, 그녀는 부모의 사랑을 모르고 자랐지만
이 세상 누구보다 넘치게 사랑을 실천했던 하나님의 사람이었다.
맡은 일에 최선을 다하는 철저한 사명감, 조직적인 두뇌와 비전으로
사람을 길러낸 스승, 소외되고 버림받은 자들에게 마지막 담요까지
내어준 사랑의 사자였다. 22년 동안 우리에게 보여 준 그의 희생과
헌신은 큰 감동이다.

서서평은 우리에게 주님의 마음이 무엇인지를 보여 주었다.
낮고 낮은 곳에서 가장 천한 자를 가장 소중한 자로 섬겼던 주님의
마음을 그대로 살아 냈다. 그를 '조선의 작은 예수'라고 부르는
데는 타당한 이유가 있다. 그녀의 삶에서 주님의 마음을 볼 수 있기
때문이다.

너희 안에 이 마음을 품으라 곧 그리스도 예수의 마음이니 (빌2:5)

서서평의 삶 앞에서는 이 세상에서 가장 큰 목소리도 잠잠해지고, 가장 힘이 센 자도 한없이 나약해진다. 가장 지혜롭고 박식하다는 자도 할 말을 잃는다. 왜냐하면 '서로 사랑하라'는 주님의 말씀을 액면 그대로 실천했기 때문이다.

우리가 이런 인물을 기억하지 않는다면 누구를 기억할 것인가? 이런 인물의 삶에 감동하지 않는다면 누구에게 감동할 것인가? 이런 인물에게서 배우지 않는다면, 무엇을 배울 것인가? 그녀의 삶과 사역은 우리에게 감동만이 아니라 경종으로 다가온다. 개인적인 삶이나 교회 차원에서 우리가 가져온 물질과 부에 대한 생각을 다시 하게 만들고, 이제 더는 소유자가 아니라 사용자로서, 아니 사용자가 아니라 청지기로서의 방향을 분명하게 제시한다. 이 글을 쓰는 내내 나는 도전을 받는다. 그녀가 믿고 따랐던 예수와 내가 믿고 섬기는 예수가 같다면, 지금까지 나는 외롭고 소외된 이웃을 너무나도 방관하지 않았는가?

내가 진실로 진실로 너희에게 이르노니 한 알의 밀이 땅에 떨어져 죽지 아니하면 한 알 그대로 있고 죽으면 많은 열매를 맺느니라 요 12:24

찰스
시미언

CHARLES SIMEON, 1759-1836

성경 중심의 설교를 널리 퍼뜨린 목회자로,
걸출한 설교자들을 길러냈다.
케임브리지대학교 홀리트리니티교회를
50년 이상 섬기며 영국 성공회에 새로운 조류를
형성했다.

찰스 시미언 CHARLES SIMEON, 1759-1836

1759   9월 24일 영국 버크셔주 레딩에서 태어남.

1766   이튼학교에 입학.

1779   케임브리지대학교 킹스칼리지 입학, 성찬식 중 회심을 경험.

1783   거친 반대 속에 케임브리지대학교 홀리트리니티교회 시무 시작,
        평생 한 교회를 시무함.

1799   교회선교회(Church Missionary Society) 창설 멤버.

1817   복음주의 설교자를 국교회 목회자로 세우는 the Simeon Trust를 시작

1836   11월 13일 케임브리지에서 평생 독신으로 살다가 하나님의 부르심을 받음

철저히 거부당했던
목회자

목회자 실태를 조사하는 미국의 라이프웨이LifeWay 연구소에
의하면 한 교회에서 목회자의 평균 목회 수명이 1996년에는 3년
반이었는데, 지난 10년 사이에 꾸준히 늘어나서 2016년을 기준으로
6년 정도라고 한다. 고무적인 현상이긴 하지만 그래도 목회가 만만치
않다는 것을 입증하고 있다. 사역지를 옮기는 이유가 다양하겠지만,
그중에서 관계의 어려움은 늘 상위권에 속한다. 목회자와 성도의
관계가 좋지 않을 때, 사역의 본질이 흐려지고 불필요한 쪽으로
많은 에너지를 소비하게 만든다. 목회가 어렵다고 해서 임지를
바꾸면 문제가 해결될까? 대부분의 경우, 어려움이 지나가면 또
다른 어려움이 찾아오기 마련이다. 목회자가 한 교회에 오래 있어야

회중의 신뢰를 받고 필요한 변화를 주도할 수 있다. 그래서
목회자의 장기 목회longevity는 교회 안정과 부흥에 필수다. 성경에
나오는 디모데도 많은 시련을 겪었다. 거짓 교사들로 인해 쑥밭이
된 에베소 교회를 맡아 올바른 지도자를 세우는 임무를 맡았지만,
마음 속에는 하루 속히 교회를 떠나고 싶은 생각뿐이었다. 이에
바울은 디모데에게 인내할 것을 계속 강조한다. 어렵다고 교회를
홀쩍 떠나지 말고 끝까지 남아서 지도자를 세우고 맡겨진 직무를
잘 감당하라고 명령했다(딤전 1:3; 딤후 4:5).

　　여기 인내하는 목회자로 교회사에 길이길이 남을 믿음의
거장을 소개한다. 온갖 반대 세력에도 불구하고 하나님께서 주신
사명을 감당하기 위해 시종일관 한길만을 걸었던 사람이다.
바로 찰스 시미언이다. 그는 스물넷이란 어린 나이에 영국 성공회
목사(신부)로 케임브리지대학교 안에 있는 홀리트리니티교회
Holy Trinity Church에 부임하여, 그가 세상을 떠날 때까지 54년을 섬겼다.
사역지를 떠나지 않고 한 곳을 꾸준히 섬긴다는 것 자체도 당연히
훌륭하지만, 무엇보다 시미언은 하나님께서 주신 사명이
무엇인지를 분명히 깨달았고, 그 사명을 감당하기 위해 끝까지
최선을 다했다. 그가 보여 주는 헌신과 희생은 주의 일을 하는
사람에게 큰 도전이 된다.

　　시미언이 활동을 시작했던 18세기 후반의 영적 상태를 생각해
보자. 그 당시 영국은 형식적인 신앙을 벗어나 살아 계신 하나님을
체험하며 그리스도의 복음을 전하는 일에 앞장서는 영적 각성
운동이 일어나고 있었다. 그 한복판에 감리교를 시작한 존 웨슬리
John Wesley, 1703-1791가 있었다. 그는 영국 전역을 다니며 서민을

대상으로 수많은 전도 집회를 인도했다. 웨슬리가 평민을
대상으로 사역을 했다면, 찰스 시미언은 케임브리지대학을 평생
목회지로 삼고, 국교인 영국 성공회의 영적 기류를 바꾸는 일에
헌신했다.

시미언이 사역을 시작할 때 성공회 안의 복음주의는 매우
미약했다. 그러나 그가 세상을 떠날 때는 성공회 목회자의 3분의
1인 1,100명이 시미언에게 직접 훈련을 받은 복음주의 설교자가
된 것이다. 그의 영향력은 다음 세대로 이어졌다. 케임브리지대학
출신의 영적 거장 헨들리 모울Handley Moule, 1841-1920과 존 스토트의
배후에 찰스 시미언이라는 위대한 멘토가 있었다는 사실에
놀라지 않을 수 없다. 시미언은 선교 후원가로도 잘 알려져 있다.
교회선교회Church Missionary Society의 창립 멤버로 수많은 선교사를
인도에 보냈다. 그중 대표적인 인물이 헨리 마틴Henry Martyn, 1781-
1812이다. 또한 윌리엄 윌버포스William Wilberforce, 1759-1833, 존 벤
John Venn, 1759-1813, 헨리 손턴Henry Thornton, 1760-1815과 같은 당대의 영적
거장들과 힘을 모아 노예제도를 폐지하고 감옥의 환경을 개선하는
사회적 실천에도 앞장섰다. 찰스 시미언은 어떤 사람이었는가?
그는 예수를 어떻게 믿게 되었고 무엇이 그를 신실한 사역자가
되도록 만들었는가?

만만치 않은 목회지에 부임하다

찰스 시미언은 1759년 9월 24일 런던 서쪽으로 약 50킬로미터

떨어진 리딩에서 태어났다. 부친 리처드 시미언은 부유한
변호사였다. 부친의 아버지와 할아버지가 모두 목사였지만 진작
리처드 자신은 뜨거운 믿음 생활을 하지 않았다. 찰스의 어머니
엘리자베스 허턴Elizabeth Hutton은 요크의 대주교the archbishop of York가
둘이나 나온 대단한 영적 가문에서 왔지만, 넷째이자 막내로 태어난
찰스 시미언이 갓난아기일 때 세상을 떠났기 때문에 아쉽게도
찰스에게는 신앙적으로 도움을 주지 못했다. 시미언은 일곱 살
때 이튼학교에 보내져서 엘리트 교육을 받다가 열아홉 살 때
케임브리지대학교에 입학한다. 신입생은 의무적으로 참여해야
한다는 규율에 따라 적잖은 부담을 갖고 첫 성찬에 참여했지만,
별 감동을 받지는 못했다. 그러나 몇 달 후 부활절에 받았던 두
번째 성찬은 그의 삶을 바꾸어 놓았다. 시미언은 윌리엄 주교가 쓴
《주님의 성찬》을 읽으며 철저히 자신을 준비했다. 죄가 무엇인지,
어떻게 주님께서 나의 죄를 담당하셨는지를 깊이 묵상한 후,
시미언은 자신의 죄를 예수께서 친히 감당하셨다는 진리에 완전히
매료되어 깊은 회심을 경험한다.

　　복음은 그의 삶을 완전히 바꾸어 놓았고, 시미언은 아주
자연스럽게 그 다음 단계로 목사 안수를 받았다. 스물셋밖에 되지
않은 시미언의 첫 목회지는 케임브리지에 있는 세인트에드워드교회
였다. 담임목사가 몇 달 강단을 비운 사이 대리 설교자로 사역한
것이다. 그의 열정적이고 복음적인 설교는 잠자던 영혼들을
단시일에 깨웠고 입추의 여지없이 예배당은 가득 채워졌다. '교회'
하면 떠올리던 텅텅 비고 지루한 곳이라는 생각은 사라지고, 회중은
매주 그의 설교를 기다렸다. 센세이션을 일으킨 것이다.

케임브리지대학에 있는 홀리트리니티교회.

그러나 시미언의 마음속에는 세인트에드워드교회와 상관없는 한
가지 중요한 기도 제목이 있었다. 바로 케임브리지대학 캠퍼스 안에
위치한 홀리트리니티교회에서 말씀을 전하는 것이었다. 이 교회를
맡으면 케임브리지 학생들에게 복음을 전해 대학을 복음화시킬 수
있으며, 또한 이 대학에서 공부하는 신학생들을 훈련할 수 있을
것이라 생각했다. 그는 교회 주위를 거닐면서 하나님께 기도했다.
마치 존 낙스가 '스코틀랜드를 달라'고 기도한 것처럼 그는 이
교회에서 사역할 수 있게 해달라고 기도했다. 홀리트리니티교회는
청교도 설교자 리처드 십스Richard Sibbes, 1577-1635와 토머스 굿윈Thomas

Goodwin, 1600-1680이 말씀을 전했던 역사적인 교회이기도 하다. 만일
하나님께서 기회를 주신다면 이곳에서 성실히 말씀을 전해서
영적으로 메말라 가는 케임브리지대학을 변화시키고 싶었다.

시미언의 기도는 얼마 후 이상한 방법으로 응답되었다.
시미언의 아버지가 감독을 움직인 것이다. 비록 신앙은 없었지만,
아들이 잘되기를 바라는 마음으로 아버지는 자기 아들을 그 자리에
앉게 해달라고 말했다. 감독은 곰곰이 생각하다가 젊은 목회자가
이 교회를 맡는 것이 좋겠다는 결론을 내리고 시미언을 청빙했다.
물론 이 모든 결정이 하나님의 섭리 가운데서 일어났지만, 그 당시
회중들의 불만은 대단했다. 이미 그 교회를 섬기던 부목사curate를
담임목사vicar로 모시길 원했던 회중의 마음을 감독이 무시했다고
생각한 것이다. 어린 시미언에게는 고통으로 다가왔다. 회중은
시미언에게 두 가지 불만을 노골적으로 표시하며 전쟁을 선포했다.
첫째는 부임하는 과정에서의 불만이고 둘째는 그의 설교였다. 그
당시 성공회 전통주의자들의 입장에서 본 시미언의 복음적인 설교는
지성을 강조하기보다는 감정 표출이 심한 천박한 설교였다. 그들은
18세기 존 웨슬리가 가져온 부흥운동의 '열정'을 광적인 것으로
깎아내렸고, 웨슬리를 따르는 사람들을 '광신자들enthusiasts'이라고
불렀다.

찰스 시미언과 존 웨슬리가 함께 일하지는 않았지만, 중요한
것을 공유했다. 말씀을 중요시하는 마음이다. 웨슬리처럼 시미언도
철저히 성경을 연구하며 받은 메시지를 전달하는 신실한
설교자였다. 설교 한 편을 작성하기 위해 보통 열두 시간을 투자했고,
때론 그것의 배가 되는 시간과 노력을 아끼지 않았다. 그 시절 종교의

형식에만 매여 있던 전통주의자들에게 시미언의 성경 중심적
설교는 달갑지 않은 것이었다. 회중은 그의 설교를 단호히 거부했다.
당시 회중석은 지정석이어서 '주인'이 지정석 입구 문을 자물쇠로
잠글 수 있었다. 결국은 회중 자신도 듣기를 거부하고 다른 이들도
듣지 못하도록 문을 잠그고 총체적 보이콧을 해버렸다.

　　교회 지도자들은 시미언이 본당에 들어오지 못하도록
수차례나 그를 막았고, 일부 학생들은 예배 도중에 난잡한 행동을
서슴지 않았다. 썩은 달걀과 돌을 던지고 심지어 오물을 던지기도
했다. 하지만 시미언은 인내하며 말씀을 전파했다. 이렇게 12년을
인내해야 했다. 비록 회중석에는 앉지 못하지만 뒤에 서서 그의
말씀을 듣는 회중들이 늘어났고, 사람들은 서서히 시미언을
신임하기 시작했다. 결국 그는 영국의 위대한 설교자로 알려지게
되었고, 학장까지 되는 영광을 누렸다. 시미언은 신학생들을
변화시키기 위해서는 케임브리지대학 안의 기숙사 생활이
필요하다고 판단했다. 싱글만이 생활하는 기숙사의 삶을 선택한
이상 시미언은 학교 규정을 따라 결혼을 포기해야 했다. 신학생을
변화시키면 영국 전체가 변할 수 있다는 확신 아래 평생 외로운
길을 선택한 것이다.

말씀에 모든 것을 걸다

　　찰스 시미언은 철저할 정도로 말씀의 사람이었다. 오염되거나
가감되지 않은 하나님 말씀이 선포되어야 한다는 철칙 아래 자신이

먼저 말씀을 깨닫고 말씀대로 사는 데 전력투구했다. 매일 새벽 네
시가 되면 어김없이 일어나 네 시간을 말씀과 기도에 전념했다.
지독할 정도로 자신의 몸을 통제했다. 누구에게나 단잠을 포기하고
일찍 일어난다는 것은 힘든 일이다. 특히 추운 겨울 따뜻한 침대를
박차고 새벽을 깨운다는 것은 어지간한 결심이 아니고서는 힘든
일이다.

　시미언 역시 일찍 일어나겠다는 결단을 내렸지만, 서서히
마음이 약해지는 자신을 바라보며 벌금 제도를 시작한다. 기상
시간인 새벽 네 시를 어기면, 그의 방을 청소해 주는 청소부에게
벌금을 주겠다고 결심한다. 한두 번 벌금을 주면서 생활이 어려운
청소부에게는 이 벌금이 도움이 될 것이라 정당화시키는 자신을
발견하자, 그는 벌금을 열 배 넘게 올린다. 이번에는 벌금 열 배에
해당하는 동전을 강물에 던지기로 작정한다. 그러나 '강바닥을
금으로 도배할 재력이 없음을 깨달은 시미언에게는 한 번으로
족한 실험'이었다.[1] 이 일이 있고 난 뒤 시미언은 늦게 일어나는
버릇이 없어졌다고 한다. 시미언과 60년지기인 한 목사는
시미언처럼 사명감에 불타 지속해서 말씀을 연구하고 선포한
목회자를 어디에서도 찾아볼 수 없다고 회상했다.

　시미언이 설교자로서 말씀을 연구하며 추구했던 것은 본문이
말하려는 메시지였다. 설교자가 자기 생각을 미리 가져와 본문에
넣기보다는 철저히 본문에서 메시지를 찾아 그것을 전달해야
한다고 믿었다. 그가 전념한 것은 오직 한 가지, 즉 성령께서 본문을
통해 말씀하시고자 하는 그 내용을 깨닫는 일이었다. 시미언은
그렇게 해서 찾아낸 본문의 메시지가 설교의 중점이 된다고

가르쳤다. 시미언의 이런 설교 방법은 그에게서 설교를 배우는
학생들에게 크게 다가갔다. 매번 강단에서 설교가 외쳐지고 나면,
시미언의 설교 개요outline는 인쇄되어 설교자의 교본이 되었다.
평생 모인 2,500편의 설교는 21권으로 된 설교 전집Horae Homileticae이
되어 출판되었다.

　　설교를 준비할 때마다 시미언은 자신에게 세 가지 냉철한
질문을 했다.

> 나의 설교는 항상 죄인을 낮추며, 구세주를 높이며, 경건을
> 가져다주는가?[2]

　　이 질문은 자신의 설교 내용을 점검하는 도구일 뿐만 아니라,
설교자로서의 신앙고백이기도 했다. 말씀을 보며 그 진리를
자신에게 적용하면 할수록, 시미언은 분명히 깨달았다. 인간의
사악함과 하나님의 거룩하심이 동시에 존재한다는 것이다. 그래서
그는 자신의 사악함을 주목했고, 동시에 주님의 얼굴에 드러난
하나님의 영광을 보려고 노력했다. 자신을 보면 볼수록 겸손해졌고,
하나님의 은혜를 생각하면 할수록 감사했다. 그는 그리스도 예수
안에서 주신 하나님의 은혜를 강조했다. 그리고 죄 사함의 은총을
힘입어 우리가 성결하게 살아야 할 것을 호소했다. 여기서 성결이란
한순간에 도달하는 경지가 아니라 죄와의 지속적 싸움을 통해
단계적으로 이루어가는 과정을 말한다. '하나님의 자녀는 이 과정을
분명히 알고 은혜 가운데 성결의 열매를 맺어야 한다'고[3] 시미언은
믿었다. 그의 설교는 집요할 정도로 사악한 인간의 모습과 사악한

킹스칼리지 예배당이 보이는 창가에 앉아 있는 시미언.

인간의 문제를 해결해 주시는 예수 그리스도의 은혜, 이 두 가지에
초점을 두었다.

교단의 흐름을 바꾸어 놓다

시미언의 사역은 크게 두 가지로 나누어진다. 첫째는 그가
맡았던 홀리트리니티교회 회중을 위한 말씀 사역이었고, 둘째는
케임브리지대학교 신학생들을 훈련하는 사역이었다. 1789년,
엄청난 반대에도 불구하고 시미언은 서른 살의 어린 나이에 신학교
학감dean이 된다. 그칠 줄 모르는 반대에 하루는 시미언이 이렇게
힘든 일을 해야 할지 아니면 떠나야 할지를 놓고 고민한다. 작은
성경책을 손에 들고 길을 걷다가 하나님으로부터 주시는 위로를
받기 위해 무작위로 성경의 한 페이지를 펴보게 되었다. 우연히
눈에 들어온 구절은 누가복음 23장 26절이었다. "그들이 예수를
끌고 갈 때 시몬이라는 구레네 사람이 시골에서 오는 것을 붙들어
그에게 십자가를 지워 예수를 따르게 하더라." 자신의 이름인
시미언과 본문에 나오는 사람의 이름 시몬이 같은 어원임을
깨닫는 순간, 마치 주님께서 자기에게 십자가를 지고 따라오라고
말씀하시는 것 같았다. 시미언은 주님께 그 십자가를 맡겨 달라고
고백했다. 평생 주님을 위해 그 십자가를 지고 가겠다고 했다.
지금부터는 핍박을 영광의 면류관으로 간주하겠다는 기도를
드렸다.

어려운 순간이 찾아왔지만, 주님과의 친밀한 관계를 통해

시미언은 다시 마음을 추스를 수 있었다. 그 후, 학생들을 수시로
만나 설교에 관한 대화를 나누었다. 본심을 알게 된 학생들이
하나둘씩 변하기 시작했고, 그 후 위대한 영적 지도자들이 배출되기
시작했다. 시미언의 제자 중 가장 대표적인 인물을 꼽으라면 인도에
선교사로 간 헨리 마틴이다. 우연히 시미언을 만난 마틴은 성공회
목사 안수를 받고서는 시미언의 부목사로 2년을 섬겼는데, 아버지와
아들과 같은 두 사람의 관계는 바울과 디모데의 관계를 연상시켰다.
시미언의 선교 열정에 영향을 받고 동인도 사목의 자격으로 인도로
간 마틴은 그곳에서 우르드와 페르시아 신약 성경을 번역하는
작업을 했다. 그는 탁월한 언어적 소질을 갖고 있었는데, 안식년차
영국으로 돌아가던 중 31세의 나이로 병사를 하고 만다. 많은
사람이 그의 죽음을 아쉬워했고, 그중 가장 마음 아파했던 사람은
시미언이었을 것이다.

　　시미언은 54년 동안 한결같이 홀리트리니티교회를 섬기며,
케임브리지 대학생들에게 복음을 전했다. 특히 성직자로 준비하는
학생들에게는 복음적 설교가 무엇인지를 가르쳤다. 시미언의
영향으로, 그가 케임브리지에 오기 전에는 성공회 안에서 성경
말씀을 그대로 전하는 설교자를 찾아보기 힘들었는데, 1836년 그가
세상을 떠날 때는 성공회 목회자 중 3분의 1이 시미언을 따라 복음적
설교자가 될 정도로 강력한 임팩트를 남긴 것이다.

　　시미언의 성역 50년을 기념하는 만찬이 열렸다. 홀리트리니티
교회 성도들은 시미언과 귀빈들을 초대해서 지극 정성으로
대접했다. 지난 50년의 노고를 치하하며 진심으로 감사함을
표했다. 한때는 철저히 거절당했던 목회자였지만, 이제는 달랐다.

극진한 대접을 받고 집에 돌아온 시미언은 옛 친구에게 이렇게 편지를 썼다.

> 나에게 이런 날이 올 것이라고 누가 감히 상상했을까? 성도들이 화목하고, 나의 설교는 21권 전집으로 나왔고, 일흔셋이라는 나이에도 효과적인 사역을 하고 있으니 … 그러나 나는 치욕의 골짜기를 좋아한다. 그곳이 내가 있을 자리야. 자네도 그곳에서 일하기를 좋아하지. 그래서 천국에 가면 우리는 언덕 위에서 만날 거야. 그때 우리는 많은 복을 누리겠지.[4]

시미언의 장례식 때는 아예 케임브리지 마을의 모든 상점이 문을 닫았다고 한다. 진심으로 그의 수고를 인정하며 고마워한 것이다.

시미언은 어떤 유산을 남겼을까?

매우 중요한 질문이다. 하지만 많은 사람이 모르고 있다. 심지어 성공회 신부들도 모르는 경우가 많다. 영국 국교인 성공회 안에는 두 전통이 존재한다. 하나는 천주교처럼 예전을 중시하고 교회의 상하 구조가 뚜렷한 '높은 성공회high Anglican' 혹은 '고교회high church' 전통이고, 다른 하나는 복음주의 교단처럼 말씀의 권위와 세계 선교에 중점을 두며 수평적 조직을 좀 더 선호하는 '낮은 성공회low Anglican' 혹은 '저교회low church' 전통이다. 한 교단 아래

사실상 두 교단이 존재하는 이유는 바로 찰스 시미언이 19세기에
일으킨 개혁 때문이라 볼 수 있다. 그 여파는 지금도 느껴진다.
예를 들어 토론토대학 안에 여덟 개의 신학교가 토론토신학교
Toronto School of Theology라는 연합체를 이루고 있는데, 이 중 두 학교가
성공회 소속 교단 신학교이다. 하버드스트리트 선상 북쪽에는 예전
중심의 트리니티신학교가, 남쪽에는 말씀 중심의 위클리프신학교가
있다. 찰스 시미언의 말씀 개혁이 있었기 때문이다. 기존 교단의
흐름을 이렇게나 바꾸어 놓은 목회자가 또 있을까? 아마 찾기 힘들
것이다. 오늘날 성공회에 소속된 복음주의 목회자들은 대부분 찰스
시미언의 영향을 받은 후예라고 말할 수 있다. 그가 영향을 끼친
케임브리지 인물들만 보아도 놀랄 만하다. 찰스 시미언은 윌리엄
카루스에게, 윌리엄 카루스는 핸들리 모울에게, 핸들리 모울은
존 스토트에게 영향을 미쳤다. 시미언의 사역을 이렇게 몇 가지로
정리할 수 있다. 열정적 말씀 사역, 불굴의 인내, 세계 선교의 헌신,
그리고 지도자를 세우는 비전이다.
　　인스턴트 시대를 사는 우리에게 찰스 시미언은 사역에서의
'롱런long run'이 얼마나 중요한지를 가르쳐 준다. 물론, 그가 사역한
54년이 신기록은 아니다. 기록을 말하자면 워싱턴 D. C.에서
세이비어교회를 개척한 고든 코스비Gordon Cosby 목사는 60년이
훨씬 넘는 기나긴 시간을 교회와 지역사회를 위해 섬겼다. 그러나
찰스 시미언이 특별히 주목받는 이유는 온갖 악조건 속에서도
복음적 설교자를 1,100명이나 배출한 업적 때문이다. 12년
동안 회중으로부터 버림을 받으면서도 그는 매일 어김없이
새벽 네 시에 일어나 하나님 말씀을 묵상하며 기도로 준비했다.

케임브리지대학 교정에서 열린 시미언의 장례식.

하나님은 그의 기도를 응답해 주셔서, 2,500 편에 달하는
설교문을 영국 목회자들이 모델로 삼도록 인도하셨다. 그의
업적은 실로 주목할 만하다. 지금처럼 본문을 중심으로 한 강해
설교가 무엇인지 제대로 알아볼 본보기가 없던 시절에, 시미언은
본문 중심의 설교라는 틀을 만들어 학생들이 따라오게 했다.
이로 인해 영국 강단의 질이 전반적으로 올라갔고, 설교는 더
성경적으로 되었다. 시미언의 섬김이 수많은 복음적, 성경적
설교자를 영국 교회에 탄생시킨 것이다. 그중 대표적인 인물이
존 스토트이다. 케임브리지대학 시절 스토트는 케임브리지
기독학생연합CICCU에서 활동했는데, 이 단체는 1877년에
시작되었지만 그 뿌리는 훨씬 이른 1827년, 시미언의 영향을 받은
케임브리지 대학생들이 케임브리지 중심가 지저스레인에 세운
주일학교Jesus Lane Sunday School 시절로 거슬러 올라간다.[5] 스토트는
시미언으로부터 복음주의 교리의 영향뿐 아니라 성경적 설교를
배운다. 그는 시미언의 죽음을 기리는 150주년 기념사에서 이렇게
고백했다.

> 시미언은 타협하지 않는 성경에 대한 헌신으로 나에게 감동을 주었다.
> 성경을 하나님의 말씀으로 받고 연구하던 그의 감동은 그때나
> 지금이나 변함이 없다. 나는 여러 번 케임브리지 홀리트리니티교회
> 강단에서 말씀을 전하는 특권을 누렸다. 그가 섰던 곳에 내가 서서
> 나에게도 그가 가졌던 탁월한 충성심outstanding faithfulness을 달라고
> 기도했다.[6]

스토트는 시미언에게서 하나님의 말씀을 성령 안에서 올바로 풀어 나가는 설교가 무엇인지를 배웠다. 비록 150년 전에 활동했던 사람이지만, 스토트는 시미언을 철저히 연구하여 사역의 모델로 삼았다. 스토트에게 있어서 시미언은 말씀 사역의 영웅이었다고 한다.[7] 시미언이 목회자를 훈련하며 한 세대의 설교자를 세운 것처럼, 스토트 역시 한 세대의 말씀 사역자를 발굴하고 훈련하는 데 심혈을 기울였다. 스토트가 특별히 집중했던 사람들은 제1세계 지도자들이었다. 어떻게 하면 신학 교육도 제대로 받지 못한 설교자들을 잘 교육할 수 있을까를 놓고 고민했다. 스토트의 사역과 정신을 이어가는 랭엄파트너십Langham Partnership의 주요 사역 중 하나는 선교지에 설교자를 올바로 세우는 일이다. 랭엄설교Langham Preaching로 알려진 이 사역은 현재 아프리카, 아시아, 중남미, 구소련 지역에서 활발히 진행 중이다. 그 배후에는 시미언의 절대적인 영향이 있었다는 것을 기억하자. 스토트는 시미언의 설교를 통해 강해 설교가 무엇인지를 깨달았을 뿐 아니라, 올바른 설교를 그들에게 가르쳐야겠다고 작정했다.

찰스 시미언이 존 스토트에게 미친 영향은 참으로 대단했다. 그 증거로 두 사람의 사역에서 발견되는 세 가지 공통점을 들 수 있다. 첫째, 두 사람 모두 주님을 평생 독신으로 섬겼다. 하나님께서 맡겨 주신 일을 더 충실히 이행하고자 독신의 은사를 끝까지 지키며 사역한 것이다. 스토트는 두 번이나 결혼할 기회가 있었지만, 그때마다 독신의 길을 택했다. 아마도 그는 시미언의 삶을 보면서 주를 위한 결단을 내리지 않았을까? 둘째, 요즘 우리가 말하는 본문 중심의 설교를 늘 실천했다. 두 사람의 경우 일관성 있게 자기

생각을 본문에 넣으려impose 하기보다는 본문의 메시지를 최대한
드러내는expose 접근 방법을 철저히 지켰다. 이를 위해 기도하며
성령의 도우심을 의지했다. 그런 가운데 마음을 열고 본문을
관찰하는 습관을 늘 가진 것이다. 그 결과는 이루 말할 수 없었다.
시미언과 스토트는 다음 세대에 지대한 영향을 끼쳤다. 올바른
설교가 무엇인지를 다음 세대가 제대로 알도록 본을 보인 것이다.
셋째, 두 사람 다 세계 선교에 헌신하였고, 특히 선교사를 발굴하고
후원하는 동원 사역에 커다란 공헌을 했다. 시미언은 교회선교회의
창설 멤버 중 한 사람이었고, 그 외 여러 선교단체를 도와 후원을
아끼지 않았다. 인도에 진출한 동인도회사East India Company의 사목을
파송하는 일에 있어 40년 이상 영향력을 발휘했다. 존 스토트의 선교
활동은 구태여 말할 필요가 없다. 그는 로잔언약의 초안을 작성한
사람으로서 세계 선교에 지대한 영향을 끼친 인물이다. 특히 랭엄
파트너십을 통해 지금도 세계 구석구석에서 그의 영향이 지속되는
것을 볼 수 있다. 이 정도면 찰스 시미언이 존 스토트에게 끼친
영향과 발자취가 어느 정도 증명이 되었다고 볼 수 있다. 이 세 가지
공통점을 모두 하나로 묶어 주는 것은 두 사람이 갖고 있었던 복음에
대한 절대적 확신이었다.

나를 붙들어 준 시미언

내가 찰스 시미언에 대해 알게 된 것은 신학교 때 교회사
강의를 들으면서였다. 19세기 영국 복음주의자들에 관해 공부할

때 그의 이름을 처음 접하게 되었다. 도서관에서 그의 전기를 찾아 읽으며 나는 그의 삶과 비전에 매료되었다. 어떻게 54년이란 긴 세월을 한결같은 마음으로 한 교회를 섬기며 헌신할 수 있었을까? 어떻게 평생을 독신으로 지내며 그 어려운 목회를 혼자 감당할 수 있었을까? 고독한 나날을 보내며 어려운 순간 상의할 사람도 없이 모든 것을 지탱할 힘은 어디에서 나왔을까?

토론토영락교회 담임을 맡고 얼마 되지 않아서였다. 그 당시 내 마음속에 큰 갈등이 있었다. 내가 과연 목회자로서 가는 길이 맞나? 아니면 신학교로 돌아가 가르치는 사역이 더 나을까? 나의 설교와 리더십에 흡족해하지 않는 성도들을 보면서 나는 고민했다. 설상가상 가지 많은 나무에 바람 잘 날 없다고, 큰 규모인 교회에는 하루가 멀게 골치 아픈 일들이 일어났다. 하루는 이메일을 열어 보니 달콤한 제안이 들어와 있었다. 평소 선망의 대상이었던 한 신학교에서 나를 교수로 청빙하겠다는 내용이었다. 이미 학교 측에서 나에 대해 충분히 알아보았고, 내가 학교가 찾는 적임자라는 것이었다. 오기만 하면 된다며 나의 의중을 물었다. 나는 그때 순간적으로 이것이야말로 기쁜 소식이 아닌가 하고 흥분했다. 이제는 골치 아픈 교회 일은 뒤로하고, 신학교에 가서 조용히 가르치기만 하면 된다는 생각이 들었다. 게다가 미래 목회자를 훈련하고 배출하는 사역이 얼마나 귀한가! 평소 좋아했던 훌륭한 신학교에서 일하고, 이 어려운 환경을 벗어날 수 있는 좋은 명분이 생겼으니 얼마나 좋은가!

그러나 기쁨은 오래가지 못했다. 하나님으로부터 확실한 사인을 받지 않은 상태에서 어떻게 위임목사가 교회를 한순간에 그만둘 수 있겠는가? 함부로 결정하는 것이 두려웠다. 그래서 새벽기도를 통해 하나님의 뜻을 구하기로 했다. 그리고 며칠 동안 이 문제를 놓고 진지하게 기도하는데, 하나님께서는 두 가지 이유로 안 된다는 뜻을 보여 주셨다. 첫째는 지금 교회를 떠나면 교회가 많은 어려움을 겪게 되고 후임자 역시 더 큰 어려움에 봉착한다는 것, 둘째는 지금 나의 상태로는 신학교에서 목회를 준비하는 학생들에게 별로 도움 되는 말을 해줄 수 없다는 것이었다. 생각을 정리해 보니 내가 가서는 안 된다는 분명한 사인이 보였다. 순간적이라도 목회가 힘들다고 교회를 떠날 생각을 한 자체가 창피스러웠다. 맞다. 힘들다고 떠나 버리면 교회는 어떻게 되는가? 그리고 그런 모습으로 신학교 강단에서 신실한 목회자가 되라고 강의한다는 자체가 모순이 아닌가? 나는 즉시 신학교에 답을 했다. 부족한 사람에게 기회를 준 것 자체가 감격이고 감사하지만, 지금은 아니라고. 혹시 나중에라도 또 하나님께서 기회를 주신다면 그때 재고하겠다고 했다. 연락을 취하고 나니 나의 마음은 하나님께서 주시는 평안으로 가득 채워졌다. 오랜만에 올바로 처리했다는 생각이 나를 행복하게 했다.

사역의 어려운 순간을 만날 때마다 나는 찰스 시미언을 생각한다. 그는 한 교회에서 54년 동안 온갖 산전수전을 겪은 사람이 아닌가? 끝까지 한길을 택하고 철저한 반대에도 무릅쓰고 소신껏 달려갈 수 있었던 그 투지는 어디에서 나왔을까? 주의 일을 하다 보면 힘들다고 느낄 때가 종종 있다. 중간에 다 때려치우고 그만두고 싶을 때도 솔직히 말해서 있다. 목회자라면 한 번쯤은 다른 교회를 기웃거려 보았을 것이다. 좀 더 나은 교회가 없나, 나를 좀 더 알아주는 교회가 없나, 하며 안정적인 교회를 찾아 떠나고 싶은 심정을 갖기 마련이다. 선교사도 마찬가지다. 좀 더 편하고 안정적인 사역지는 없는지, 좀 더 안전하고 후원을 잘 받는 곳은 없는지 하며 좋은 선교지를 찾고, 또 좀 더 인정받고 후원해 주는 파송교회가 있었으면 하는 마음을 갖게 마련이다. 찰스 시미언도 54년 동안 목회하며 만감이 교차하는 순간이 얼마나 많았을까? 그런데 결과적으로 시미언은 사람의 도움보다는 하나님의 인정을 기다렸다. 그리고 그 목표를 갖고 끝까지 달려간 것이다. 그에게는 분명한 목표가 있었기 때문이다.

- 하나님께서 나에게 맡기신 양 무리가 성경적 설교를 받아들일 수 있도록
- 하나님께서 나에게 맡기신 목회자들이 하나님의 말씀을 올바로 쪼개어 본문 중심의 설교를 할 수 있도록

두 가지 목표를 놓고 시미언은 평생을 달려갔다. 목회자와의 전쟁을 선포한 회중을 끝까지 인내로 극복했고, 케임브리지대학 기숙사에서 신학생들과 함께 살기 위해 결혼까지 포기했다.

이렇게 철저히 희생과 인내를 앞세운 시미언이 몇 년마다 목회지를 옮기는 오늘날의 목회자를 본다면 무슨 말을 할까? 같은 목회자로서 찰스 시미언은 나에게 많은 도전을 주었다. 그리고 나를 지켜 주었다. 나와는 200년이라는 시간의 차이가 나지만, 지금도 그는 나에게 질문하고 있다. 내가 끝까지 추구하는 사역의

목표는 무엇인가? 그리고 그 목표를 위해 나는 무슨 희생을 하고 있는가?

나는 선한 싸움을 싸우고 나의 달려갈 길을 마치고 믿음을 지켰으니 이제 후로는 나를 위하여 의의 면류관이 예비되었으므로 주 곧 의로우신 재판장이 그날에 내게 주실 것이며 내게만 아니라 주의 나타나심을 사모하는 모든 자에게도니라 딤후 4:7-8

존
스토트

JOHN STOTT, 1921-2011

그리스도인의 복음 전도와 사회 참여를
모두 강조하며 로잔운동을 이끌었다.
50권이 넘는 신앙 서적과 주석을 집필하였고,
그가 설립한 랭엄재단은 지금도 세계적인
영향력을 미치고 있다.

존 스토트 JOHN STOTT, 1921-2011

1921	4월 27일 영국 런던에서 태어남.
1938	성서유니온 사역자 에릭 내시로부터 복음을 들음.
1939	케임브리지대학교 트리니티칼리지 입학, 기독연합운동(CICCU)에서 적극 활동.
1944	리들리홀에서 목회자가 되기 위한 신학 수업 시작.
1950	올소울스교회 담임으로 시무 시작(25년간).
1958	《기독교의 기본 진리》 집필.
1968	*The Bible Speaks Today* 시리즈 편집 및 집필 시작.
1974	랭엄파트너십 시작.
1974	로잔언약 초안 작성.
1982	London Institute for Contemporary Christianity 출범.
1989	마닐라 로잔대회 참가.
2005	타임지가 지정한 세계에서 가장 영향력 있는 100인 중 하나로 선정.
2011	7월 27일 영국 서리주 링필드에서 소천.

언제나 솔선수범한
지식인

    '만일 개신교에서 교황을 뽑는다면, 존 스토트가 적격일
것이다'라는 말을 들어 본 적이 있다. 2005년 4월호 타임지는 그를
세계에서 가장 영향력 있는 100인 중 하나로 선정했다. 20세기
복음주의자 중 가장 영향력 있는 사람을 꼽으라면 나는 존 스토트를
들 것이다. 그는 비전의 사람이었다. 전 세계를 자신의 교구로
생각하고 최선을 다해 세계 교회를 섬겼다. 우리에게는 50권이
넘는 주석과 신앙 서적을 쓴 유명한 저자로 잘 알려져 있지만, 그의
영향력은 책뿐 아니라 그가 몸담았던 로잔운동과 랭엄파트너십을
통해 지금도 전 세계 곳곳에서 소중한 열매를 맺고 있다. 단 한 번
사는 인생인데, 존 스토트처럼 '많은 사람을 옳은 데로 돌아오게 한

자'가 될 수 있다면 얼마나 좋을까? 그의 삶을 살펴보면 살펴볼수록
감탄이 절로 나온다. 한정된 지면에서 그의 삶과 사역을 충분히
다루기는 어렵지만 몇 가지를 선별해서 함께 나누고 싶다.

　　존 스토트를 60년 가까이 개인 비서로 섬기며 지켜보았던
프랜시스 화이트헤드는 그를 '대단한 자제력과 자기 부인을 갖춘
사람man of great discipline and self-denial'으로 평가한다.[1] 두 번 이상 만난
사람은 반드시 이름을 외울 정도로 사람에게 관심을 두며 만사에
최선을 다했다고 한다. 나는 화이트헤드가 과찬을 한다고 생각하지
않는다. 아주 단편적인 예이지만 내가 존 스토트 목사님에게서
받은 인상과 일치하기 때문이다. 존 스토트 목사님이 토론토
틴들신학교에 강의하러 오신 적이 있다. 그때 식사를 함께하며
북미주 한인 2세 목회자를 위한 집회에 강사로 오실 수 있는지
여쭈었다. 일정을 마치고 영국으로 돌아가서 답을 주시겠다고 했다.
그리고 한 달쯤 지나서 편지가 왔다. 나와 함께 대화했던 시간을
잘 기억하신다며 집회 초청에 긍정적인 답을 주지 못함을 용서해
달라는 내용이었다. 건강 및 일정상 이사회에서 본인의 스케줄을
조절하고 있는데 허락이 안 된다며 아쉬워하셨다. 그때 내가 받은
인상은 한마디로 감동이었다. 이렇게까지 정중하고 자세하게
답하시다니! 그 배려와 매너에 놀라지 않을 수 없었다. 대개 여러
가지 일을 많이 하는 사람들은 일 중심적이라는 단점이 있는데,
이분은 많은 일을 하면서도 관계 중심적이라는 인상을 받았다.
놀랍게도 존 스토트를 만났던 여러 사람은 그의 따뜻함과 사람됨을
기억한다. 여기서 우리는 존 스토트의 삶과 사역을 통해 배울 점을
찾고자 한다. 어떻게 한 사람의 순종적인 삶이 전 세계 수많은 사람의

삶에 막대한 영향을 끼쳤는지 알아보자.

17세에 주님을 만나다

존 스토트는 1921년 4월 27일 영국 런던에서 태어났다.
부유한 집안을 배경으로 어떻게 보면 평생 상류사회가 주는 혜택을
누리며 살 수 있었지만, 그가 걸어간 길은 매우 검소한 삶이었다.
존 스토트의 아버지는 왕실을 드나드는 유명한 의사였다. 그는
하나밖에 없는 아들이 자신의 뒤를 이어 의사가 되길 바랐다.
그래서 어린 존을 명문 기속학교에 보내 엘리트 교육을 받게 했고,
이어서 존이 케임브리지대학에서 의학을 공부하기를 기대했다.
그러나 존 스토트는 아버지의 뜻과 다른 길을 걸었다. 물론
케임브리지대학을 졸업하고 왕실을 드나들게는 되었다. 하지만
의사의 자격이 아니라 목사의 자격으로 왕실의 목회자chaplain가 되어
여왕을 알현했다.

또한 아버지 아널드는 불가지론자였지만 아들은 아니었다.
스토트는 청소년 시절 복음을 받아들이고 평생 복음을 위해 살았다.
두 번이나 결혼할 기회가 있었는데도 그는 복음을 위해 독신을
선택했다. 150년 전 케임브리지대학에서 활동하며 복음을 위해
독신을 선택했던 그의 영웅 찰스 시미언의 보이지 않는 영향이
있었으리라 추측한다. 스토트는 시미언처럼 이른 아침부터 말씀을
깊이 연구하는 습관을 지녔고, 발견한 진리를 세상에 전했다. 존
스토트는 런던의 중심가에서 성장했다. 어린 존은 가정부nanny의

손에 이끌려 집 근처에 있는 올소울스교회All Souls Church에 출석했다.
주일학교를 다니며 기억에 남는 것은 짓궂은 장난과 밖에서
뛰어노는 것뿐이었지만, 놀랍게도 스토트는 다시 이 교회와 인연을
맺게 되고 평생 이 교회의 멤버가 된다.

　　그가 17세 되던 해, 존 스토트의 인생을 바꾸는 사건이
일어난다. 성서유니온Scripture Union 사역자 에릭 내시Erich Nash의 전도
설교를 듣고 주님을 영접한 것이다. 이렇게 시작된 에릭 내시와의
관계는 7년이 넘게 이어지며, 그를 통해 기독교에 대해 배운다. 존
스토트는 특히 이때 받은 말씀의 깊이와 기쁨을 평생 잊지 못했다.
내시는 사명자의 삶을 강조했다. 그는 어린 스토트에게 그리스도를
위한 전적인 헌신이 무엇인지, 복음을 전하는 자의 열정이 무엇인지,
그리고 말씀으로 훈련된 자의 설교가 어떻게 가슴을 파고들어
오는지 보여 준 소중한 롤모델이었다.

　　이후 존 스토트는 케임브리지대학에 입학하여 프랑스어와
신학을 전공한다. 그리고 케임브리지대학 기독학생연합에
적극적으로 참여한다. 케임브리지대학을 졸업하고, 성공회신학교인
리들리대학Ridley College에 진학해서 신학 수업을 받았다. 그의 첫
목회지는 그가 성장했던 올소울스였다. 여기에서 그는 부목사vicar로
시작해서 담임목사rector, 1950-1975와 원로목사rector emeritus로 평생 이
교회와 함께했다. 그래서 존 스토트를 생각할 때 우리는 그가 끼친
세계적 영향력을 말하기 전에 먼저 그는 한 지역의 성실한 목회자로
맡겨진 양 떼를 잘 섬겼다는 것을 기억해야 한다.

존 스토트는 훌륭한 저자였다

존 스토트를 생각하면 그가 쓴 많은 책이 생각난다. 50권이
넘는 방대한 분량에, 성경 주해, 기독교 교리, 선교, 설교, 리더십,
사회적 이슈 등 다양한 방면에서 수준 높은 연구를 했다는 점이
인상적이다. 개인적으로 나는 존 스토트의 여러 저서에 큰 도움을
받았다.

1978년 대학교 1학년 때 나는 처음 예수님을 내 삶의 주인으로
영접했다. 아직 신앙의 기초가 약할 때, 주위 사람들로부터
혼란스러운 영향을 받은 적이 있다. 어떤 사람이 방언의 중요성을
말하면서, 만일 방언을 못 하면 성령을 받지 못한 증거라고 강하게
말했다. 그때 어린 심정에 방언을 받기 위해 꽤 노력했다. 한 은사
집회에서는 제일 먼저 강사의 안수를 받으며 방언을 시도해
보았지만, 전혀 이루어지지 않았다. '아, 나는 그렇다면 성령을 받지
못한 기형 그리스도인인가?' 하고 생각했다. 그때 나는 존 스토트의
《성령 세례와 충만*Baptism and Fullness of the Spirit*》을 읽으며 성령 충만과 성령
세례의 차이를 확실히 알게 되었다. 또한 은사는 다양하고, 목적에
따라 주시기 때문에 성령의 주권적 선물이라는 것을 배웠다. 자연히
방언을 못 하면 성령을 받지 못한 증거라고 우기던 사람들이 얼마나
성경을 왜곡해서 보고 있는지를 알게 되었다. 존 스토트의 저서와
함께 사도행전을 읽으며 내린 결론이었다. 어느새 40년이 훨씬
지난 이야기지만, 나는 그때 스토트의 책을 읽고 영적 불안감에서
해방되었던 기쁨을 아직도 잊을 수 없다.

스토트의 신약 주석은 하나님의 말씀을 정확하게 읽고

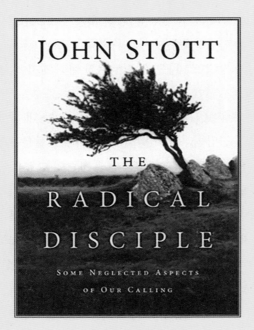

《제자도》 영문판 표지.

해석하는 데 큰 도움이 되었다. 그는 복잡한 개념을 명쾌할 정도로
단순하게 정리하면서도, 단순한 진리를 심오하게 설명하는 특별한
은사가 있다. 특히 그의 디모데전후서 주석은 나의 신앙과 목회에
소중한 가이드가 되었음을 고백한다.

1958년, 스토트는 케임브리지 대학생들을 대상으로 선포한
네 편의 전도 설교를 《기독교의 기본 진리Basic Christianity》라는 책으로
냈다. 이 책은 반세기가 지난 지금까지도 주목받는 책이다.

- 그리스도는 누구인가?
- 인간의 상태
- 그리스도께서 하신 일
- 인간이 해야 할 일

기독교의 핵심 진리를 명료하게 정리했기에 비신자와
초신자에게는 큰 도움이 된다. 《그리스도의 십자가the Cross of Christ》는
십자가의 본질을 다루고 있다. 왜 그리스도가 죽어야만 했는지,
십자가에서 그리스도는 정확하게 무엇을 성취했는지, 이제 십자가
아래에서 살아가는 그리스도인은 어떤 삶을 살아야 하는지를 가르쳐
준다. 인권, 환경, 평화, 생태계의 문제 등을 다룬 《현대 사회 문제와
그리스도인의 책임Issues Facing Christians Today》은 1982년 스토트가 시작한
현대기독교연구소London Institute for Contemporary Christianity의 산물이다.
이 책에서 스토트는 그동안 복음주의 그리스도인들이 자유주의를
향한 반발로 인해 세상에 대한 사회적인 책임을 소홀히 했다는 것을
시인하며, 그리스도인의 사회 참여는 반드시 필요하다고 피력한다.

특히 전인적 복음을 전해야 할 사명을 가진 그리스도인은 복음의
공공성과 사회성을 고려하여 좀 더 넓은 관점에서 세상을 바라보며
행동해야 함을 상기시켜 준다.

80대 후반, 요양원에서 말년을 보내며 온 힘을 쏟아 저술한
그의 마지막 책《제자도 *the Radical Disciple*》는 마치 사도 바울이 로마
감옥에서 디모데에게 쓴 편지와 같다. 제자의 길을 걷기 위해 그가
평생 주님을 따르려고 노력했던 제자도의 여덟 가지 원칙을 말해
준다.

- 불순응 — 다원주의와 물질주의로 물든 세상에서 그리스도의 참된
  제자는 도피주의와 순응주의를 피하고, 불순응non-conformity의
  자세로 세상 속으로 들어가 복음을 선포해야 한다.
- 닮음 — 급진적 제자라면 반드시 예수님을 닮아야 한다. 이 땅에
  성육신으로 오신 주님을 닮아 우리도 타인의 삶 속에 성육신적으로
  들어가 증인 된 삶을 살아야 한다.
- 성숙 — 내가 먼저 주님과 풍성한 관계를 맺고, 이어서 다른 사람들을
  그리스도 안에서 성숙한 자로 세워 나가야 한다. 피상적인 제자도의
  모습을 버려야 산다.
- 창조 세계를 돌봄 — 그리스도의 삶이 개인 구원에만 국한되지 않고,
  하나님께서 창조하신 온 세상을 잘 돌보아야 한다. 지금 우리가
  당면하고 있는 생태계의 위기를 간과해서는 안 된다.
- 단순한 삶 — 돈과 소유에 대해 전적인 단순함을 따라야 한다. 이는
  복음 전도와 구제, 그리고 정의를 위해 반드시 선택해야 하는 삶이다.
  좀 더 나누고 섬기기 위해 우리는 거룩하고, 겸손하고, 단순하고,

자족하는 삶을 살아야 한다.

- 균형 — 그리스도인으로서 균형 잡힌 정체성을 가져야 한다. 우리는 개인적인 제자이면서 공동체의 일원이다. 또 하나님을 예배하는 자이면서 하나님의 역사를 증거하는 자가 되어야 하며, 이 땅의 순례자이면서 천국의 시민이라는 균형 잡힌 정체성을 가져야 함을 기억하자.

- 의존 — 주님이 필요 없다는 자만심으로부터 우리 자신을 철저히 지키며, 그리스도를 전적으로 의존하는 삶을 통해 하나님을 기쁘시게 하자.

- 죽음 — 약함과 고난은 삶의 필수적인 부분이다. 그래서 죽음의 역설적 의미를 깨달아야 한다. 역설적 진리를 기억하자. 우리는 죽어야 살고, 악을 제거할 때 우리는 비로소 산다. 온전한 생명으로 들어가는 유일한 길은 죽는 것이다.[2]

예수님을 신실하게 따르려는 제자라면 반드시 제자도의 여덟 가지 원칙을 지켜야 함을 피력하고 있다.《제자도》는 존 스토트가 우리에게 남긴 마지막 유언이다.

존 스토트는 탁월한 설교자였다

저자로서뿐만 아니라, 설교자로서 존 스토트는 우리에게 커다란 임팩트를 남겼다. 그의 설교는 하나님의 말씀을 명쾌하게 설명해 주며 어떻게 삶에 적용할지 분명히 보여 준다. 그의 설교는 항상 성경의 영감, 무오성, 권위를 100퍼센트 인정하는 데서 출발한다. 그리고 성경을 잘 관찰하여 본문의 의도를 탁월하게 끌어낸다. 자기 생각을 본문에 투입하는 설교자와는 판이하게 다르게, 철저히 본문으로부터 흘러나오는 메시지를 찾아 설교하는 원칙을 지킨다. 그뿐 아니라 존 스토트는 자신이 선포한 메시지를 자신도 실천해야 한다는 원칙을 세웠다. 《현대교회와 설교》에서 존 스토트는 설교자의 진실함을 강조했다. 특히 "강단에서 말할 바를 진지하게 말해야 하며, 강단 밖에서는 자신이 설교한 것을 실행해야 한다"라고 말했다. 이 두 가지는 서로 불가분의 관계에 있음을 강조했다.[3] 맞는 말이다. 인격과 설교 말씀이 일치할 때 그 임팩트는 이루 말할 수 없다. 반대로 인격과 설교 말씀이 불일치하면 심각한 모순이 된다. 최근 우리 사회는 잘 알려진 일부 목회자들의 모순된 삶으로 인해 적지 않은 충격을 받고 있다. 설교 표절이나 논문 표절을 하거나, 순간의 어려움을 모면하기 위해 지키지 못할 말을 하고, 물질의 탐욕이나 성적 부도덕함으로 인해 그들이 선포한 메시지가 더는 받아들여지지 않는 현실을 보고 있다. 소위 말하는 '가나안 성도 시대'의 주원인에는 설교자들의 모순된 삶이 큰 몫을 하고 있다. 한때는 성도의 모범이 되었고 심지어 우상화되었던 사람이지만, 결국 드러난 것은 속과 겉이 일치하지 않는 삶이다. 이런 면에서 존 스토트는 자신에게 항상 엄격한 잣대를 사용했다.

존 스토트의 통전적 삶을 보여 주는 한 면을 소개하려고 한다. 《제자도》에서도 강조했듯이, 그리스도를 따르는 제자는 항상 검소한 삶을 살아야 한다고 가르쳤다. 세계 복음화를 앞당기기 위해서는 더 많은 자원을 드려야 하고, 그렇게 하기 위해서는 불편을

감수하더라도 검소한 삶을 살아야 한다고 외쳤다. 무엇보다 본인
스스로가 그런 삶을 살았다. 올소울스교회에서 은퇴한 후, 스토트는
교회가 마련해 준 차고 위 두 칸 방에서 살았다. 1990년대 초반, 그를
토론토 틴들신학교에서 만난 적이 있는데, 그때 그의 해어진 양복을
보면서 '가르치는 대로 산다는 것이 이런 것이구나' 하며 감동했던
기억이 난다. 존 스토트가 초안을 작성한 로잔언약(1974) 제9항에는
검소한 생활에 대해 이렇게 적혀 있다.

> 인류의 3분의 2 이상에 해당하는 27억 이상의 인구(1974년 통계)가
> 아직도 복음화되어야 한다. 우리는 이토록 많은 사람을 아직도
> 등한히 하고 있다는 사실을 부끄럽게 생각한다. (중략) 수많은 사람이
> 겪는 빈곤에 우리 모두가 충격을 받으며, 이 빈곤의 원인인 불의에
> 대하여 분개한다. 우리 중에 풍요한 환경 속에 사는 이들은 검소한
> 생활양식을 개발해서 구제와 전도에 더욱 많이 공헌하는 것이 우리의
> 의무임을 확신한다.

여기에서 사용된 '검소한 생활양식simple life-style'이란 표현이
로잔대회 중 논란거리가 되었다. 로잔언약에 서명하는 순서가
왔을 때, 빌리 그레이엄의 아내 루스 그레이엄이 이의를 제기한
것이다. "스토트 목사님은 두 칸 방에서 독신으로 살아가기에
충분하시겠지만, 우리 부부에게는 자녀가 다섯입니다. 그래서
우리 집은 더 클 수밖에 없습니다. 그러므로 '검소한simple'이라는
단어를 '좀 더 검소한simpler'으로 교체해 준다면 제가 로잔언약에
서명할 의도가 있습니다"라고 말했다. 그러나 존 스토트는 끝까지

'검소한simple'을 고집했고, 결국 루스 그레이엄은 로잔언약에 서명할
수 없다고 했다.[4] 존 스토트가 루스 그레이엄의 기본 뜻을 이해하지
못한 것이 아니다. 그만큼 세계 복음화를 위해서는 풍요한 환경 속에
사는 '우리들이'(즉 서구 사회 그리스도인들이) 반드시 희생할 각오를 해야
한다는 강한 의지를 보인 것이다.

　　스토트는 탁월한 설교자였다. 본문을 관찰하고 중요한 의미를
끌어내는 데 뛰어났을 뿐만 아니라, 언어 선택과 개념 정리에서도
뛰어났다. 이 모든 것 위에, 그가 탁월한 설교자인 진짜 이유가 있다.
선포한 말씀과 개인의 삶이 일치하도록 최선을 다했기 때문이다.
그래서 그의 설교는 듣는 이의 마음을 열었고, 열린 마음속에
하나님의 말씀을 아주 명백하게 전달한 것이다. 그래서 그의 설교를
듣는 사람들은 감탄을 자아냈고 말씀의 능력을 새삼 체험했다.

로잔운동의 한복판에 서다

　　스토트가 왕성히 활동했던 1970년대 개신교는 사회참여와
영혼 구원의 양축을 놓고 절망적으로 갈라져 있었다. 진보 진영은
그리스도인의 사회적 책임을 강조했고, 보수 진영은 진보적
지도자들의 사회적 복음Social Gospel에 반발하며 영혼 구원만을
강조했다. 복음주의 노선에서는 계속해서 사회적 책임을 외면할
것인가? 그는 그리스도인들의 책임 있는 사회참여와 영혼을 향한
열정을 주장했다. 둘이 결코 상반된 것이 아님을 천명했다. 물론
복음 전파의 우선순위primacy는 분명히 했다. 그렇지만 그동안

사회적 책임을 외면해 왔던 그리스도인들의 태도가 잘못되었다는 것을 지적했다. 이 내용이 로잔언약 제5항, '그리스도인의 사회적 책임'에 나온다.

　　1974년 스위스 로잔에서 시작된 로잔운동은 시대적 부르심에 대한 순종이었다. 바로 한 해 전, 세계교회협의회World Council of Churches는 방콕에서 '오늘날의 구원Salvation Today'이라는 주제로 구원의 개념을 폭넓게 다뤘다. 구원이란 복음주의자들이 생각하는 죄의 형벌에서 구원만이 아니라, 인간의 존엄성을 회복하는 사회적 구원이라고 했다. 복음주의자의 입장에서는 매우 위험한 발상이었다. 결국 '구원'에 대한 이해를 놓고 불거진 보수 진영과 진보 진영의 대립은 "예수 그리스도의 복음이 무엇인가?"라는 원색적인 질문으로 이어졌다. 한쪽에서는 해방신학, 민중신학, 여성신학 등의 상황 신학을 개발했고, 다른 한쪽에서는 전도를 통한 영혼 구원과 교회 성장에 전적으로 쏠렸다. 결과는 심각하게 갈라진 그리스도의 교회였다. 이런 배경에서 모인 선교 대회가 로잔대회이다. 150개국에서 모인 2,700여 명의 복음주의 지도자들은 2주 동안 기도하며 로잔언약을 채택했다. 15조 항으로 되어 있는 로잔언약의 골자는 '온전한 복음을 온 교회가 온 세상에 선포하자'라는 것이다. 여기에서 '온전한 복음'이란 영혼 구원과 사회참여가 동시에 강조되는 전인적인 복음을 말한다.

　　사람은 하나님의 형상으로 창조되었기 때문에 인종, 종교, 피부색, 문화, 계급, 성을 지니고 있으며, 따라서 사람은 서로 존경받고 섬김을 받아야 하며 누구나 착취당해서는 안 된다. 이 점 우리는 등한시하여

2002년 필리핀 아시아신학교를 방문한 존 스토트 목사와 함께.

왔고, 왕왕 전도와 사회 참여가 서로 상반되는 것으로 잘못 생각한
데에 참회한다. 사람과의 화해가 곧 하나님과의 화해는 아니며, 사회
행동이 곧 전도는 아니고, 정치적 해방이 곧 구원은 아닐지라도,
전도와 사회 정치적 참여는 우리 그리스도인 의무의 두 가지
부분이라는 것을 우리는 인정한다(로잔언약 제5조).

그 당시의 정황으로 볼 때 전도와 사회 참여를 하나로 묶어서
그리스도인의 의무로 규정한다는 것은 결코 쉬운 일이 아니었다.
보수 진영의 반발은 거셌다. 그렇지만 스토트의 리더십 아래
참가자 대부분이 전인적 복음을 받아들였다. 이렇게 로잔운동은
영혼 구원과 사회 참여 양축을 포함해야 한다는 이해를 해왔다.
로잔운동은 계속 진행되어 15년 후 마닐라에서 2차 대회(1989)가
있었고, 케이프타운에서 3차 대회(2010)가 있었다.
　　2002년 스토트가 필리핀 케존시티에 위치한 아시아신학교
Asian Theology Seminary를 방문했을 때, '로잔언약과 마닐라선언을 깊이
연구하고 가르치라'고 당부하던 그의 음성이 귀에 선하다. 그때부터
나는 로잔운동의 문서들을 자세히 들여다보며 신학교와 교회에서
가르치기 시작했다. 놀랍게도 로잔언약에 나와 있는 교회론이
북미에서 사용하는 '세상으로 보내심을 받은 선교적 교회missional
church'의 개념과 유사함을 알게 되었다.

하나님 아버지가 그리스도를 세상에 보내신 것같이, 그리스도 역시
그의 구속받은 백성을 세상으로 보내신다는 것을 우리는 믿는다.
이 소명은 그리스도가 하신 것같이 세상 깊숙이 파고드는 희생적인

침투를 요구한다. 우리는 교회 울타리를 헐고 비그리스도인 사회에
스며들어 가야 한다. 교회가 희생적으로 해야 할 일 중에서 복음
전도가 최우선이다(로잔언약 6조).

　　로잔언약은 교회가 세상과 단절하거나 타협하기보다는,
의미 있는 개입을 해야 함을 가르친다. 교회는 세상으로 보내심을
받았다고 성경은 가르친다(요 20:21). 바로 이 내용이 로잔언약에 들어
있고, 로잔언약 한복판에 존 스토트의 생각과 기도가 담겨 있다.
우리가 가져야 할 태도는 세상에 대한 불순응non-conformity이라고
가르친다.
　　바로 이와 같이 우리가 사회에 영향을 미치려고 한다면, 사회
속으로 침투할 뿐 아니라 사회에 순응하기를 거부해야 한다. 우리의
기독교적 확신, 특별히 하나님 나라의 가치와 기준, 그리고 생활
방식을 유지해야 한다. 그렇지 않으면 우리는 아무런 영향력을 가질
수 없고 아무런 충격도 줄 수 없다.[5]

존 스토트의 영향은 계속되고 있다

　　존 스토트는 50권이 넘는 책을 저술했다. 이 자체만으로도
수많은 사람에게 하나님 말씀을 올바로 전하는 롤모델이 되었지만,
그의 문서 선교는 책을 쓰고 읽게 하는 정도가 아니다. 1954년 1월,
그의 첫 번째 책《신약의 메시지Men with a Message》가 출간되었다. 책의
수익금을 문서 선교에 기부하기 시작했다. 이렇게 시작한 그의 기부

활동이 결국은 선교지의 목회자와 현지인 신학자를 양성하는 재단을 낳았다. 올소울스교회가 위치했던 길 이름을 딴 랭엄재단Langham Trust이 1969년 시작되었다. 존 스토트는 하나님 품으로 갔지만, 그의 영향력은 식지 않고 있다. 랭엄파트너십Langham Partnership이라는 이름 아래 70여 개국에서 세 가지 사역이 활발하게 진행 중이다.

첫째는 지도자 양성을 위한 랭엄장학재단Langham Scholars 프로그램이다. 선교지에서 발굴한 소중한 인재를 영국이나 미국으로 초청해서 박사과정을 밟을 수 있도록 장학금 전액을 수여하는 사역이다. 현재 수백 명의 수혜자가 학위를 마치고 각 분야에서 리더십을 발휘하고 있다. 이 과정을 마친 수혜자는 반드시 본국이나 비슷한 선교지 환경으로 돌아가 일해야 한다는 조항이 있다. 만일 어겼을 때는 받은 장학금을 모두 물어내야 한다.

둘째는 선교지의 현지인 목회자들에게 그들의 상황에 맞는 신학 서적을 만들어 제공하는 문서 사역이다. 랭엄문서선교Langham Literature라고 불리는 이 사역을 통해 아프리카 신학자들이 쓴 아프리카 주석이 출판되고, 아시아 신학자들이 쓴 아시아 주석이 출판되어 보급되고 있다. 서구 사회의 신학을 고집하기보다는 현지를 잘 아는 현지인 신학자들을 배출하여 그들이 직접 상황에 맞는 이슈들을 접하게 하는 훌륭한 모델이다.

셋째는 신학 교육을 제대로 받지 못한 선교지 목회자들에게 성경적 설교를 하도록 훈련하는 랭엄설교 사역이다. 현지 목회자들의 초청을 받아 3년 동안 집중적으로 성경적 설교를 가르치고 지도해 주는 귀한 사역이다. 이를 통해 설교자의 자질이 높아지고 설교가 하나님 말씀 중심으로 선포되는 것이다. 스토트가

이런 생각을 할 수 있었던 배경에는 분명히 찰스 시미언의 영향이
있었다.

랭엄파트너십을 통해 존 스토트는 선교지의 신생 교회를
제대로 세우겠다는 강력한 의지를 보여 준다. 여기에는 하나님께서
주신 모든 자원을 힘이 약한 교회들과 나누겠다는 따뜻한 마음이
들어 있지만, 그것보다 한 발 더 나아가 미래의 리더십은 신생
교회에 있다는 그의 예언적 통찰이 깃들어 있다. 복음은 서구 교회의
전유물이 아니며, 선교 역시 서구 교회가 일방적으로 비서구 국가에
주는 사업이 아니라는 것이다. 그는 신생 교회가 앞으로 세계
복음화를 주도하게 될 것이라는 비전을 가졌다.

나는 필리핀 아시아신학교에서 랭엄장학재단의 수혜자
교수들과 일했다. 미국과 영국에서 성서 신학이나 기독교 교육학으로

아시아신학교에서 프로젝트리빙필드 장학금으로 공부한 캄보디아 학생들. 맨 왼쪽과 맨 오른쪽

박사 학위를 받고 필리핀뿐만 아니라 동남아시아를 위해 일하는
소중한 영적 인재들이다. 그들은 박사 과정을 만들어 동남아시아
교계 지도자들을 배출하고 있다. 랭엄장학금을 받은 지도자들은
동남아시아를 넘어 남아시아, 아프리카, 중남미, 남미 등 세계 여러
지역에서 활동하고 있다. 한 사람의 비전이 이렇게 위대한 열매를
맺다니! 결국 중요한 것은 리더십이다. 교회의 미래는 지도자에게
달려 있고, 누군가가 의도적으로 지원하고 개발하지 않는 한,
지도자는 하늘에서 떨어지지 않는다는 것을 실감케 한다.

　　"많은 사람을 옳은 데로 돌아오게 한 자는 별과 같이 영원토록
빛나리라"(단 12:3)라는 말씀이 존 스토트에게 어울린다. 분명 그는
과찬이라며 부담스러워하겠지만 사실이다. 20세기 기독교 지도자
중 존 스토트만큼 세계적인 족적을 남긴 사역자를 찾기 힘들다. 비록
그는 우리 곁을 떠났지만 그의 영향력은 여전하다.

　　존 스토트의 랭엄파트너십 사역을 지켜보면서 나는 큰 도전을
받았다. '내가 지금 있는 자리에서 지도자 양성을 위해 무슨 일을 할
수 있을까?' 고민하기 시작했다. 그리고 캄보디아를 위해 실천하기로
결심했다. 내가 2002년부터 캄보디아를 드나들면서 전해 들은
것이 있다. 캄보디아 내전(1975-1978) 당시 목회자의 90퍼센트가
살해당했다는 것이다. 지금까지도 캄보디아는 영적 지도자의 부재를
느끼는 나라이다. 그래서 시작한 것이 프로젝트리빙필드Project
Living Field이다. 캄보디아의 킬링필드를 패러디해서 이름을 지었다.
캄보디아 목회자 배출을 위한 장학 제도인데, 이를 통해 외국에
가서 교역학 석사를 이수하고 본국으로 돌아온 목회자들이 생기기
시작했다.

존 스토트는 나에게 이렇게 구체적인 일을 할 수 있도록 비전을
주었다. 나뿐만 아니라 그는 수를 헤아릴 수 없이 많은 사람에게
하나님 나라의 꿈을 심어 주었다. 겨자씨처럼 시작된 한 사람의
사역이지만, 스토트의 영향과 임팩트가 얼마나 큰지 가늠할 길이
없다.

그는 자연과 함께 살았다

인간미가 느껴지는 이야기로 이 장을 마치려 한다. 스토트가
아흔 평생 주님의 일을 잘 할 수 있었던 비결 중 하나는 자연과
함께하는 것이었다. 그는 자연 속에서 묵상하고 영적으로 충전할
것을 강조했다. 복음주의자들은 교리에 강하다. 그런데 구속 교리에
대해서는 잘 알지만 창조 교리에 대해서는 별로다. 그는 우리에게
탐조birdwatching를 적극 추천했다. 새를 관찰하러 밖으로 나가다
보면 자연히 맑은 공기를 마시며 운동을 하게 되어 정신 건강에
좋다고 했다.
스토트는 지구상에 존재하는 9,000여 종의 새 중에서 약
2,500종을 관찰했다. 거기에는 아버지의 영향이 강했다. 심장병
전문의로 런던에서 분주한 일정을 보냈던 그의 아버지는 여름휴가
때마다 아들을 데리고 자연으로 나갔다. "거기서 아버지는 입은
닫고 눈과 귀만 열라고 말씀하셨는데, 그것은 자연을 관찰하는
훌륭한 훈련법이었다. 나는 곧 자연을 관찰하는 일에 푹 빠지게
되었다."[6] 까마귀를 보면서 까마귀를 먹이시는 하나님께 믿음을

가졌고, 황새가 이동하는 것을 보면서 회개가 무엇인가를 묵상했다. 올빼미를 보면서 머리를 두루 회전하는 올빼미를 닮아야 한다고 생각했다. 조금 우스운 이야기이지만, 존 스토트를 집회에 초청하려면 그 지역의 특정 새들을 말해야 유리하다는 사설이 있을 정도로 그는 탐조에 몰두했다.

　　조류 관찰은 노년까지도 지속되었는데, 80세가 넘어 인도에 갔을 때 새를 관찰하다 넘어져 다리에 심각한 상처를 입었다. 상처 부위에 염증이 생기자 주치의는 아시아에서의 모든 일정을 취소하고 속히 런던으로 돌아오라고 했다. 하지만 스토트는 약속을 지키기 위해 믿음으로 다음 사역지인 마닐라에 도착했고, 바로 그때 내가 가르치던 아시아신학교에서 신학생 집회를 인도했다. 깁스를 한 채 도움을 받아 이동하던 스토트 목사님의 모습이 지금도 생생하다.

　　스토트가 평생 왕성한 저작 활동을 할 수 있었던 비결이 또 있다. 오래전(1954년)에 그는 웨일스 바닷가 근처 훅시스라는 곳에 조그만 농가를 구입해 개조했다. 그리고 바로 이 집에서 그의 저서 대부분을 집필했다. 스토트는 이곳에서 일정 기간 완전히 고립되어 책을 쓰곤 했는데, 그 사랑의 노고가 지금도 수많은 목회자와 교회에 도움을 주고 있다. 2011년 7월 27일 존 스토트는 사랑하는 사람들이 지켜보는 가운데 헨델의 메시아를 들으며 조용히 주님 품으로 갔다. 만 90세의 삶. 비전과 열매가 가득한 삶을 주님께 드렸다. 그가 책을 집필했던 훅시스에는 이제 이 땅에서의 모든 사명을 마친 노종의 소박한 무덤이 그의 헌신과 사랑을 말해 주고 있다.

단 한 번 사는 인생, 존 스토트처럼 우리도 많은 사람을 옳은 데로 돌아오게 하는 일에 쓰임 받아야겠다.

지혜 있는 자는 궁창의 빛과 같이 빛날 것이요 많은 사람을 옳은 데로 돌아오게 한 자는 별과 같이 영원토록 빛나리라   단 12:3

나가는 말

감사하게도 나는 예수를 처음 믿을 때부터 귀한 선교사들의 삶에 대해 소개받았다. 윌리엄 케어리, 허드슨 테일러, C. T. 스터드, 마테오 리치 등 많은 선교사의 전기를 읽으며 감동받았다. 내가 선교에 관심을 갖게 된 이유도 사실은 선교사들의 영성에 매료되었기 때문이다. 주를 위해 희생하며 헌신한 귀한 일꾼들을 보면서 많은 도전을 받았다. 그래서 그 이야기들을 전해 주고 싶었다.

이 책을 쓰는 동안 줄곧 나의 기도는 젊은이들을 향했다. 한창 하나님 나라의 비전과 꿈으로 부풀어 있어야 할 젊은이들이 힘들어하는 모습을 보면 안타깝다. 기독교의 위상이 많이 떨어진 지금의 상황에서 우리에게는 경건한 롤모델이 필요하다. 그래서 나는 이 책이 조금이나마 젊은이들에게 도움이 되기를 바라며 기도를 드리고 있다. 히브리서 기자들은 우리에게 "구름같이 둘러싼 허다한 증인들"이 있다고 했다(히 12:1). 이 세상에는 주님을 진심으로 사랑하며 끝까지 최선을 다해 달려간 믿음의 종들이 많았다는 것을 기억해 주기 바란다.

여기에 소개된 인물들은 하나같이 나의 신앙 여정에 커다란 감동을 준 분들이다. 그들은 삶으로 말했다. 그리고 구체적 푯말이 되어 주었다. 인생의 갈림길이 나올 때마다 믿음의 방향을 제시해 주었다. 그러나 여기에 언급하지 못한, 아니 우리가 들어 보지도 못한 수많은 주의 종이 우리 앞을 지나갔다는 사실을 기억하자. 그들은 기도의 사람들이었고, 믿음과 순종의 사람들이었다.

책을 마치며 해명 아닌 해명을 하고 싶다. 첫째는 인물 선정에 대한 것이다. 일부 독자들은 이 책에 나오지 않는 더 귀한 인물들이 있을 텐데 그들을 간과한 이유는 무엇이냐고 물을 수 있다. 허드슨 테일러나 드와이트 무디같이 잘 알려진 인물을 선정한 것은 이해가 되는데, 구한말 선교사들은 어떤 기준으로 뽑았느냐고 물을 수 있을 것이다. 타당한 질문이라고 본다. 존 로스, 에비슨, 서서평, 마포삼열도 귀하지만 아펜젤러, 언더우드, 스크랜튼, 홀은 왜 빠졌느냐고 묻는다면 특별한 이유가 없다고 말하고 싶다. 기회가 되면 그분들의 삶도 조명해 보고 싶다. 또 왜 외국인들만 선정했느냐는 질문에도 역시 특별한 이유가 없다. 기회가 된다면 믿음의 선조인 백홍준, 서상륜, 길선주, 문준경 등과 같은 분들에 대해서도 말하고 싶다. 열 분의 삶을 지극히 주관적인 면으로 바라보았다. 지면 관계상 좀 더 깊이 다루지 못한 것이 아쉽지만, 더 깊이 알기를 원하는 독자는 각 장에 나오는 참고문헌을 보면 좋을 것이다.

둘째는 인물 미화에 대한 생각이다. 일부에서는 여기에 나오는 신앙인의 삶을 너무 미화하는 것이 아니냐는 질문을 할 수 있다. 예를 들어 그들도 동료 사이에 불협화음이 있었고, 때로는 자신의 주장을 굽히지 않고 편을 가르는 일도 있었다. 또한 현지인과는 비교되지 않게 넉넉한 생활을 한 이도 있다. (서서평에 대해서는 감히 그렇게 말할 수 없지만, 에비슨의 경우는 그런 말을 하는 사람들이 있었다.) 그러나 그것은 우리가 쉽게 단정할 바가 아니다. 조선이라는 오지까지 왔다는 자체가 커다란 희생이었고, 신분의 안전과 건강을 우선적으로 생각했다면 그런 선택을 할 수도 있었다. 사실 자신의 건강을 전혀 챙기지 않고 '성육신적' 선교에 올인했던 사역자들 가운데는 안타깝게도 자녀를 일찍 잃거나, 너무 일찍 병사한 경우도 있었다. 이 부분은 하나님의 최종 판결에 맡겨야 할 것이다.

264

모쪼록 이 책이 독자에게 큰 위로와 감동이 되었으면 좋겠다. 비록 우리 주위에는 "마음이 부패하여지고 진리를 잃어 버려 경건을 이익의 방도로 생각하는 자들의 다툼이" 일어나고 있지만(딤전 6:5), 그것이 이야기의 전부가 아니다. 수많은 하나님의 종들이 복음을 위해 헌신과 희생의 삶을 살았던 이야기가 교회사에 수두룩하다. 중요한 것은 결말이다. 마지막까지 믿음을 잘 지키며 사명을 감당했느냐가 관건이다. 젊은이들 가운데는 일부 기독교 지도자들의 이중적 삶으로 인해 크게 시험을 받고 신앙이 떨어지고 심지어 교회를 떠나는 경우가 있다. 결국 우리는 말씀과 기도로 돌아가야 하고 하나님의 은혜 가운데 다시 서야 한다. 앞서가며 신실하게 믿음을 지킨 위대한 신앙의 선배들이 있었음을 기억하자. 그들의 삶과 헌신적 사역은 우리의 신앙 여정에 꼭 도움을 줄 것이다. 히브리서 기자의 권면으로 이 책을 마친다.

하나님의 말씀을 너희에게 일러 주고 너희를 인도하던 자들을 생각하며 그들의 행실의 결말을 주의하여 보고 그들의 믿음을 본받으라 (히 13:7).

부록

이미지 출처

* 출처를 표시하지 않은 모든 자료는 저작권이 만료된 이미지입니다.

17쪽   하워드 테일러 부부의 저서 Hudson Taylor In Early Years: The Growth of A Soul
          (Morgan & Scott, 1911)에 실려 있다. / Wikimedia Commons

23쪽   ⓒ 송민호

36쪽   OMF 제공.

48쪽   에이미 카마이클의 저서 *Lotus Buds*(Morgan & Scott, 1909)에 실려 있다.
          / http://www.gutenberg.org/files/29427

53쪽   위와 같음.

61쪽   ⓒ 송민호

70쪽   ⓒ Elizabeth Elliot Foundation / Wheaton College 제공.

73쪽   ⓒ Lance Olenik / Wikimedia Commons

76쪽   ⓒ Elizabeth Elliot Foundation / Wheaton College 제공.

79쪽   ⓒ Elizabeth Elliot Foundation / Wheaton College 제공.

103쪽   ⓒ 송민호

106쪽   ⓒ 송민호

135쪽   문화재청 국가문화유산포털.

137쪽 위   ⓒ 김학천

137쪽 아래   ⓒ Yoshi Canopus / Wikimedia Commons

144쪽   ⓒ 송민호

184쪽   문화재청 국가문화유산포털.

194쪽   ⓒ 백종원 / 두란노 제공. 백춘성의 저서 《조선의 작은 예수 서서평》(두란노, 2017)에
          실려 있다.

200쪽   위와 같음.

203쪽   위와 같음.

209쪽   위와 같음.

219쪽   ⓒ Richard Rogerson / geograph.org.uk

252쪽   ⓒ 송민호

256쪽   ⓒ 송민호

258쪽   ⓒ Langham Partnership International / Wikimedia Commons

주

* 우리말로 번역되지 않은 자료는 지은이가 직접 옮겼습니다.

1장 허드슨 테일러

1 James Hudson Taylor, *A Retrospect*, London: China Inland Mission, 1894, 11쪽.
2 하워드 테일러 부부, 《허드슨 테일러의 생애》, 오진관 역, 서울: 생명의말씀사, 1992, 34쪽.
3 *A Retrospect*, 117쪽. 위 내용을 저자가 우리말로 옮겼다.
4 허드슨 테일러의 글 '중국의 영적인 필요와 요구'. 랄프 윈터, 스티븐 호돈, 한철호 공편, 《퍼스펙티브스 1: 성경적 관점 역사적 관점》, 정옥배, 변창욱, 김동화, 이현모 공역. 서울: 예수전도단, 2010, 722쪽.
5 *A Retrospect*, 108쪽.
6 유영식, 《착한 목자: 게일의 삶과 선교》 1권, 서울: 도서출판 진흥, 2013, 35쪽.

2장 에이미 카마이클

1 엘리자베스 엘리엇, 《에이미 카마이클》, 윤종석 역, 서울: 복있는사람, 2004년, 78쪽.
2 위의 책, 114쪽.
3 Amy Carmichael, *Gold Cord: the Story of a Fellowship*, London: Society for Promoting Christian Knowledge, 1932, 29-30쪽.
4 Amy Carmichael, *Things as They Are: Mission Work in Southern India*, London: Morgan and Scott, 1905, 34-40쪽.
5 위의 책, 80쪽.
6 《에이미 카마이클》, 280쪽.
7 위의 책, 357쪽.
8 'Hast Thou No Scar?'는 에이미의 시집 *Toward Jerusalem* 85쪽에 나온다. 이 번역은 엘리엇의 《에이미 카마이클》 390-391쪽에서 인용했다.

3장 짐 엘리엇

1 엘리자베스 엘리엇, 《전능자의 그늘》, 윤종석 역, 복있는사람, 2008, 95-96쪽.
2 《전능자의 그늘*Shadow of the Almighty*》과 《영광의 문*Through Gates of Splendor*》, 《야만인, 나의 친족*the Savage My Kinsman*》 이 세 권 중 마지막 책은 한국어로 번역되지 않았다.
3 엘리자베스 엘리엇, 《영광의 문》, 윤종석 역, 복있는사람, 2003, 18-19쪽.
4 엘리자베스 엘리엇이 1984년 12월 29일 아침 KC(Kansas City) 83 대학생선교회 집회에서 간증한 내용.
5 《전능자의 그늘》, 99쪽.
6 위의 책, 201쪽.
7 John Sammis 작사, 'Trust and Obey'. 찬송가 449장.
8 《전능자의 그늘》, 108쪽.

4장 드와이트 무디

1 1971년 두 학교가 합병하여 현재의 Northfield Mount Hermon School이 되었다.

2 J. Wilbur Chapman, *The Life and Work of Dwight Lyman Moody(1837-1899)*, Philadelphia: Universal Publishing, 1900, 123쪽.
3 E. H. Hamilton 작사, I. D. Sankey 작곡, 'Take Me as I Am'. 찬송가 214장.
4 Stanley Gundry, '*the Three Rs of Moody's Theology*', Christian History, Issue 25, 1990.
5 R. A. Torrey, *Why God Used Moody*, Chicago: Fleming H. Revell Co, 1923, chapter 6.

5장 존 로스
1 결국 그가 단 한번 조선을 방문하게 되는데, 1887년 새문안교회 창립예배 때 서상륜의 강력한 부탁을 받고 서울에 온다.
2 배안호, 《한국교회와 자립선교》, 서울: 한국학술정보, 2008, 78-85쪽.
3 James Grayson, '*the Legacy of John Ross*', International Bulletin of Missionary Research, 23 (1999), 167-172쪽.
4 John Ross, 'The Corean Version of the New Testament: How I Came to Make It. Part I.' *United Presbyterian Magazine*, 1883, 168-169쪽.
5 John Ross, '*The Christian Dawn in Korea*', The Missionary Review of the World, 3, no. 4, 1890, 242쪽.
6 《한국교회와 자립선교》, 226쪽.
7 대한성서공회 홈페이지에서 발췌. https://www.bskorea.or.kr/bbs/content.php?co_id=subpage2_3_3_1_1
8 《한국교회와 자립선교》, 225쪽.

6장 마포삼열
1 마포삼열의 1890년 3월 18일자 편지.《마포삼열 서한집 제1권 1868-1894》, 옥성득 편역, 서울: 두란노아카데미, 2011, 93쪽.
2 마포삼열의 1891년 3월 25일자 편지. 위의 책, 179쪽.
3 마포삼열의 1892년 1월 13일자 편지. 위의 책, 239쪽.
4 곽안련, 《한국교회와 네비우스 선교 정책》, 박용규, 김춘섭 역, 서울: 대한기독교서회, 1994.
5 위의 책, 320-321쪽.
6 위의 책, 269쪽.
7 여기에서 인용하는 모든 통계는 마포삼열의 연설문에 나온다. The Union Seminary Magazine, Vol. XXII, October-November, 1910, No. 1, pp. 226-235에 전문이 수록되어 있다.
8 마포삼열, 'The Place of the Native Church in the Work of Evangelization', 1910년 6월 17일 에딘버러선교사대회.
9 김훈, '한국, 한국인을 사랑한 馬布 목사님', 기독공보, 2005년 04월 28일자.

7장 에비슨
1 또 하나의 회고록 버전이 남아 있다. 연세대학교 도서관 백낙준 장서 속에 들어 있는 *Memoirs of Life in Korea*인데, 거의 비슷한 내용이지만 몇 가지 주제가 생략되어서 분량이 3분의 1 정도 짧다. 《올리버 에비슨이 지켜본 근대 한국 42년 1893-1935 상, 하》(박형우 역, 청년의사, 2010) 2권으로 출판되었다.
2 올리버 에비슨, 《구한말 40여 년의 풍경》, 황용수 역, 대구: 대구대학교출판부, 2006, 158쪽.

3 류대영, '에비슨 - 건강한 조선을 위해 애썼던 좋은 친구', 한국사 시민강좌, 34호, 2004년, 16-28쪽.
4 박형우, '올리버 에비슨의 생애', 연세의사학, 13(1), 2010, 9쪽.
5 릴리어스 호튼 언더우드, 《언더우드 부인의 조선 견문록》, 김철 역, 서울: 이숲, 2008, 173쪽.
6 《구한말 40여 년의 풍경》, 618-619쪽.

8장 서서평

1 류대영, 《초기 미국 선교사 연구》, 서울: 한국기독교역사연구소, 2001, 78쪽.
2 백춘성, 《조선의 작은 예수 서서평》, 서울: 두란노, 2017, 71쪽.
3 '서평의 선교보고서', 양창삼, 《조선을 섬긴 행복: 서서평의 사랑과 인생》, 서울: Serving the People, 2012, 389쪽.
4 위의 책, 191쪽.
5 Korea Mission Field, 1922년 1월호.

9장 찰스 시미언

1 Handley. C.G. Moule, *Charles Simeon: Pastor of a Generation*, London: IVP, 1948 (1892), 66쪽.
2 'Does it tend uniformly to humble the sinner, to exalt the Savior and to promote holiness?'
3 Hugh Evan Hopkins, *Charles Simeon of Cambridge*, Grand Rapids: Eerdmans, 1977, 122쪽.
4 Moule, *Charles Simeon: Pastor of a Generation*, London: IVP, 1948(1892), 159-160쪽.
5 케임브리지대학 Jesus Lane에 시작된 주일학교로 낙후 지역인 Barnwell의 어린이들에게 복음을 전하기 위해 시작한 봉사 단체다. Cf. Charles A. Jones, *A History of the Jesus Lane Sunday School, Cambridge*, London: William MacIntosh, 1864.
6 Stott, in James Houston(ed.), *Charles Simeon, Evangelical Preaching*, Portland: Multnomah, 1986, p. xxvii.
7 Timothy Dudley-Smith, *John Stott: the Making of a Leader*, Downers Grove: IVP, 1999, 258쪽.

10장 존 스토트

1 그를 기억하는 35인의 회고록이 책으로 나왔다. Christopher Wright(ed), *Portraits of a Radical Disciple: Recollections of John Stott's Life and Ministry*, Downer Grove: IVP, 2011. 한국에서는 국내 작가 9인이 추가되어 44인의 회고록이 《존 스토트 우리의 친구》라는 제목으로 IVP에서 출판되었다.
2 존 스토트, 《제자도》, 김영희 역, 서울: IVP, 2010.
3 존 스토트, 《현대교회와 설교》, 정성구 역, 서울: 풍만, 1989, 283쪽.
4 Timothy Dudley-Smith, *John Stott: A Global Ministry*. Downers Grove: IVP, 2001, 216 쪽.
5 존 스토트, 《살아 있는 교회》 신현기 역, IVP, 2007, 164쪽.
6 존 스토트, 《새, 우리들의 선생님》, 이기반 역. IVP, 1999, 7쪽.

참고문헌

곽안련, 《한국교회와 네비우스 선교 정책》, 박용규, 김춘섭 역, 서울: 대한기독교서회, 1994.
로저 스티어, 《예수를 따르는 길: 허드슨 테일러의 삶과 교훈에서 배우는 제자도》, 최태희 역.
　　로뎀북스, 2011.
류대영, 《초기 미국 선교사 연구》, 서울: 한국기독교역사연구소, 2001.
류대영, '에비슨 - 건강한 조선을 위해 애썼던 좋은 친구', 한국사 시민강좌, 34호, 2004년.
릴리어스 호튼 언더우드, 《언더우드 부인의 조선 견문록》, 김철 역, 서울: 이숲, 2008.
마포삼열, 1910년 에든버러 세계선교사대회 연설문.
마포삼열, 《마포삼열 서한집 제 1권 1868-1894》, 옥성득 편역, 서울: 두란노아카데미, 2011.
박형우, '올리버 에비슨의 생애', 연세의사학, 제13권 제1호, 2010년.
배안호, 《한국교회와 자립선교》, 서울: 한국학술정보, 2008.
백춘성, 《조선의 작은 예수 서서평》, 서울: 두란노, 2017.
서정운, 마포삼열 박사 내한 100주년 기념 강연 "마포삼열이 한국교회 성장에 미친 영향", 장신논단,
　　1990.
양국주, 《바보야, 성공이 아니라 섬김이야: 엘리제 쉐핑 이야기》, 서울: Serving the People, 2012.
양창삼, 《조선을 섬긴 행복: 서서평의 사랑과 인생》, 서울: Serving the People, 2012.

Amy Carmichael, *Things as They Are: Mission Work in Southern India*, London: Morgan and
　　Scott, 1905.
＿＿＿＿＿＿, *Lotus Buds*, London: Morgan and Scott, 1912.
＿＿＿＿＿＿, *Gold Cord: the Story of a Fellowship*, London: Society for Promoting Christian
　　Knowledge, 1932.
Charles A. Jones, *A History of the Jesus Lane Sunday School, Cambridge*, London: William
　　MacIntosh, 1864.
Christopher Wright(ed), *Portraits of a Radical Disciple: Recollections of John Stott's Life and
　　Ministry*, Downer Grove: IVP, 2011.
Dr. and Mrs Howard Taylor. *Hudson Taylor's Spiritual Secret*. London: China Inland Mission,
　　1932.
Elisabeth Elliot, *A Chance to Die: the Life and Legacy of Amy Carmichael*, 1987.
Elisabeth Elliot. *The Savage My Kinsman*. Ann Arbor, Michigan: Şervant Books, 1961.
Handley. C. G. Moule, *Charles Simeon: Pastor of a Generation*, London: IVP, 1948(1892).
Hugh Evan Hopkins, *Charles Simeon of Cambridge*, Grand Rapids: Eerdmans, 1977
James Houston(ed.), *Charles Simeon, Evangelical Preaching*, Portland: Multnomah, 1986.
James Hudson Taylor, *China: Its Spiritual Need and Claims*. London: China Inland Mission,
　　1885, 7th edition.
James Hudson Taylor, *A Retrospect*, London: China Inland Mission, 1894.
James H. Grayson, '*The Legacy of John Ross*' International Bulletin of Missionary Research,
　　23 (1999).

271

John Ross, '*The Christian Dawn in Korea*' The Missionary Review of the World, 3, no. 4, 1890

John Ross, '*The Corean Version of the New Testament: How I Came to Make It. Part I*',
    United Presbyterian Magazine, 1883.

J. Wilbur Chapman, *The Life and Work of Dwight Lyman Moody (1837-1899)*, Philadelphia:
    Universal Publishing, 1900.

Lyle W. Dorsett, *A Passion for Souls: Life of D. L. Moody*, Chicago: Moody, 1997.

Roger Steer, *Basic Christian: the Inside Story of John Stott*, IVP, 2009.

Roger Steer, *Hudson Taylor: Lessons in Discipleship, Crowborough*, Sussex: Monarch, 1997.

R. A. Torrey, *Why God Used D. L. Moody*, Chicago: Fleming H. Revell Co, 1923.

Stanley Gundry, '*the Three Rs of Moody's Theology*', Christian History, Issue 25, 1990.

Timothy Dudley-Smith, *John Stott: A Global Ministry*. Downers Grove: IVP, 2001.

Timothy Dudley-Smith, *John Stott: the Making of a Leader*, Downers Grove: IVP, 1999.

William R. Moody. *The Life of Dwight L. Moody: the Official Authorized Edition*, New York,
    Fleming Revell Co. 1900.

세상이 이기지 못한 사람들

혼들리는 청춘을 위한 믿음 인물전

The World Was Not Worthy of Them

지은이 송민호
펴낸곳 주식회사 홍성사
펴낸이 정애주
국효숙 김경석 김의연 김준표 박혜란 오민택
오형탁 임영주 주예경 차길환 허은

2020. 10. 30. 초판 발행   2021. 1. 20. 2쇄 발행

등록번호 제1-499호 1977. 8. 1.
주소 (04084) 서울시 마포구 양화진4길 3 전화 02) 333-5161 팩스 02) 333-5165
홈페이지 hongsungsa.com   이메일 hsbooks@hongsungsa.com
페이스북 facebook.com/hongsungsa
양화진책방 02) 333-5161

ISBN 978-89-365-0370-3 (03230)